> D3양육시스템 보충훈련교재
> 소그룹 기도훈련

누구나 기도꾼이 되는
Q&A 기도훈련

안창천 박사 지음

우리 하나

책을 열며

"기도꾼은 태어나지 않고 훈련으로 만들어집니다."

교회가 해야 할 일이 많지만 기도를 대신하여 할 수 있는 것은 아무 것도 없습니다. 초대교회가 기도하는 일에 전념한 것같이 모든 성도들이 기도꾼이 되어야 합니다. 그러기 위해서는 기도훈련을 받아야 합니다. 왜냐하면 제자가 태어나지 않고 만들어지듯이 기도꾼 역시 훈련으로 만들어지기 때문입니다.

본서는 D3양육시스템(세계에서 가장 빠르고 단순하게 평신도를 사역자로 만드는 양육시스템)의 보충훈련과정의 훈련교재이지만 D3양육시스템과 상관없이 누구든지 본서로 기도훈련을 받으면 기도꾼이 되어 전능하신 하나님을 움직이는 삶을 살 수 있습니다.

D3양육시스템으로 건강하고 행복한 교회 만들기와 세계복음화의 꿈을 안고 함께 동역하는 목사제자반 목회자들(박승신목사, 윤시영목사, 차임순전도사, 문은양목사, 정근호전도사), 본서가 나오기까지 수차례에 거쳐 교정을 봐주신 박승신목사님(동인교회 시무), 기쁜 마음으로 추천서를 써주신 박기천목사님(전 하바드 의대교수, 현 WPU교수), 평신도사역형교회 전환도우미와 노인복지신앙생활공동체 운영의 꿈을 이루기 위해 함께 동역하는 우리가하나되는교회의 평신도사역자들과 교우들에게 감사의 마음을 전합니다.

2007년 8월 15일
상수동에서 안창천

저자는 평신도 시절부터 장기금식기도와 산상철야기도를 했고, 목회자의 길로 들어선 후에도 여러 차례의 장기금식과 월삭금식기도, 특별작정기도, 40일간 매일 17시간씩 기도하는 등 기도에 미친 사람이다. 본서는 기도를 가르치는 교과서가 아니라 기도꾼이 되게 하는 실제적 지침서이다.

교회에서 목회자가 소그룹으로 평신도를 훈련시키거나, 평신도가 다른 평신도를 훈련시키거나, 평신도가 스스로 기도훈련을 하기에 탁월한 교재이다.

누구나 기도꾼이 되는
Q&A 기도훈련

책을 열며 • 3

제 1 훈련마당 | 기도훈련 워밍업 • 7

제 2 훈련마당 | 기도, 왜(Why) • 21

제 3 훈련마당 | 기도, 무엇을(What) • 33

제 4 훈련마당 | 기도, 어떻게(How) • 49

제 5 훈련마당 | 기도응답의 방해꾼 • 61

제 6 훈련마당 | 중보기도 • 73

제 7 훈련마당 | 방언과 금식기도 • 85

제 8 훈련마당 | 대적기도 • 101

제 9 훈련마당 | 기도세계 여행 • 111

부록
기도 명언

제 1 훈련마당
기도훈련 워밍업

훈련목표
그릇된 기도관을 바로 잡아 주고
기도하고 싶은 마음을 불러일으키게 한다.

D3 한 마디

진정한 기도

기도에는 반드시 응답이 있습니다. 그래서 기도하는 사람마다 기도 응답의 비밀을 간직하고 있습니다. 그러나 기도 응답의 최고 간증은 하나님께서 자신을 이기셨다고 선포하는 것입니다. 즉 자신의 뜻을 포기하고 하나님의 뜻대로 살겠다고 선언하는 것입니다. 예수께서 십자가를 지시기 전 겟세마네 동산에서 기도하시면서 친히 이 일에 본을 보여주셨습니다.

진정한 기도는 자신의 뜻을 관철시키지 않고 기꺼이 하나님의 뜻에 항복하며 주님 앞에 겸손히 무릎을 꿇는 것입니다. 그렇습니다. 기도는 하나님을 변화시키는 것이 아니라 자신을 변화시키는 것입니다.

 기도와 말씀은 하나님께서 우리에게 은혜를 베푸시는 수단이기 때문에 이것들을 떠나서는 신앙생활을 제대로 할 수 없습니다. 그런데 우리가 기도와 말씀에 대해 어떤 태도를 가지느냐에 따라 신앙의 칼라가 결정됩니다. 당신은 기도하고 말씀을 읽는 일에 각각 어느 정도의 시간을 사용하고 있습니까?

- 기도하는 시간

- 말씀을 읽는 시간

 말씀만 읽고 기도를 하지 않으면 지적으로 흐르게 되어 신앙생활이 무미건조하게 되고, 기도는 많이 하지만 말씀을 읽지 않으면 신비주의로 치닫게 되어 건전한 신앙생활을 할 수 없습니다. 사도들이 말씀과 기도에 전무했고(행 6:4), 모든 피조물이 하나님의 말씀과 기도로 거룩해진다(딤전 4:5)는 사실에 주목해야 합니다. 하나님의 말씀을 읽고 실천할 뿐만 아니라, 기도하는 일에 온 힘을 쏟아야 합니다.

• • •

성경은 우리가 기도하면 하나님께서 일하신다고 말씀하고 있습니다(요 14:14). 그러나 이 말씀은 우리가 해야 할 일을 하지 않고 오직 기도만 하면 된다는 것을 의미하는 것이 아닙니다. 기도해야 할 일과 자신이 해야 할 일을 어떻게 구분할 수 있을까요?

A^{D3} 기도해야 하는 일과 기도하지 않고 자신의 힘으로 해야 하는 일을 구분하는 경계선은 없습니다. 왜냐하면 성경은 모든 일에 기도와 간구로 구할 것을 감사함으로 하나님께 아뢰라고 말씀하고 있기 때문입니다(빌 4:6-7).

   기도만 하면 하나님께서 모든 일을 알아서 해주신다고 믿고 자신이 해야 할 일을 소홀히 하는 것은 바람직한 신앙자세가 아닙니다. 범사에 최선을 다해 노력하면서 하나님의 도우심을 구해야 합니다.

• • •

일반적으로 기도를 '영혼의 호흡', '하나님과의 대화' 라고 말합니다. 그러나 기도는 '영적 전쟁' 임도 알아야 합니다. 기도가 영적전쟁이라면 어떤 자세로 기도해야 할까요?

A^{D3} 마귀와의 싸움에서 패하면 마귀의 종이 된다는 사실을 알고 영적 전쟁에서 승리하기 위해 몸부림치는 자세로 기도해야 합니다(사 26:16-17).

   진자는 이긴 자의 종이 되듯이 기도 생활에 승리하지 못하면 하나님의 자녀일지라도 마귀의 종처럼 살게 되어 무능한 그리스도인이 될 수밖에 없습니다.

• • •

 사람은 누구나 다른 사람보다 잘하는 것이 있으면 우월감을 가집니다. 기도도 많이 하다 보면 자신도 모르게 영적인 자만심에 빠질 수 있습니다. 혹 자신도 모르게 이런 마음을 가졌다면 즉시 쫓아 내야 합니다. 왜 그럴까요?

 하나님은 겸손한 자에게 은혜를 주시고 교만한 자를 대적하시기 때문입니다(약 4:6; 잠 18:12). 기도는 하나님께서 은혜를 베푸시는 수단이기 때문에 기도를 많이 하여 은혜를 받아야지 교만하여 하나님의 원수가 되어서는 안 됩니다.

기도를 많이 한다는 이유로 교만한 마음을 품는 것은 그 속에 사단이 가득하다는 증거입니다. 기도를 많이 할수록 자신의 부족함을 깨닫고 더욱 겸손해져서 더 큰 하나님의 은혜를 받는 자가 되어야 합니다.

• • •

Q5 혹자는 아이가 자라 성인이 되면 부모로부터 독립하듯이 신앙이 성장하면 일일이 다 하나님께 묻지 말고 큰 일만 물어야 한다고 주장하는 사람들이 있습니다. 이런 주장에 대하여 어떻게 생각하십니까?

A^{D3} 독일의 유명한 신학자인 디트리히 본회퍼(Dietrich Bonhoeffer)는 그의 옥중서신에서 하나님 없이 살 수 있는 성숙한 시대 즉 '성인된 세계'를 선언했습니다. 그는 "하나님은 세계와 인간을 자기 성숙성으로 성장하게 하셨으므로 이제는 인간의 한계 상황 속에서 하나님은 더 이상 간섭하시지 않는다"고 하며, 사람이 성장함에 따라 부모로부터 독립하듯이 성도는 일일이 하나님께 기도하지 말고 하나님으로부터 독립해야 한다고 주장했습니다.

그러나 성경은 "아무 것도 염려하지 말고 모든 일에 하나님께 기도하라"(빌 4:6)고 말씀하고 있습니다. 신앙이 성장할수록 더욱 더 하나님의 뜻을 온전히 깨닫기 위하여 범사에 하나님을 인정하고(잠 3:6), 그분께 물어야 합니다.

• • •

Q6 예수께서 제자들에게 기도에 대해 가르치시면서 "기도할 때에 이방인과 같이 중언부언하지 말라 저희는 말을 많이 하여야 들으실 줄 생각하느니라"(마 6:7)고 말씀하셨습니다. 당신은 이 말씀을 어떤 의미로 이해하고 있습니까?

A^{D3} 이 말씀은 자신이 무엇을 구하는지도 모른 채 이미 한 말을 되풀이 하지 말라는 말입니다. 따라서 기도의 응답을 받을 때까지 한 가지 기도제목을 붙잡고 반복적으로 기도하는 것은 중언부언이 아닙니다.

혹자는 위 성경 말씀을 근거로 한 가지 동일한 기도제목을 가지고 반복해서 기도하는 것을 부정적으로 생각합니다. 그러나 예수께서 금하신 것은 반복적인 기도가 아니라 중언부언하는 기도임을 알아야 합니다.

야곱도 얍복나루터에서 밤새도록 한 가지 기도제목만을 가지고 하나님께 매달려 기도했고(창 32:26), 예수님도 겟세마네 동산에서 동일한 기도제목을 가지고 반복해서 기도하셨고(마 26:36-46), 초대교회 성도들도 한 가지 기도제목, 즉 성령의 충만을 받기위해서 전심으로 기도했습니다(행 1:14).

∙∙∙

Q7 혹자는 마태복음 6장 8절, "그러므로 저희를 본받지 말라 구하기 전에 너희에게 있어야 할 것을 하나님 너희 아버지께서 아시느니라"와 마태복음 6장 32절, "이는 다 이방인들이 구하는 것이라 너희 천부께서 이 모든 것이 너희에게 있어야 할 줄을 아시느니라"는 말씀 등을 근거로 하나님께서 우리의 형편과 처지를 다 아시기 때문에 굳이 기도하지 않아도 된다고 주장하는 사람들이 있습니다. 이런 주장에 대하여 어떻게 생각하십니까?

A·D3 마태복음 6장 8절은, '하나님께서 우리에게 있어야 할 것을 모두 다 아시기 때문에 우리가 이말 저말 많이 해야만 들으시고 응답하시는 분으로 착각하지 말라' 는 뜻이고 마태복음 6장 32절은, '하나님께서 그분의 자녀들이 원하는 것이 무엇인지를 알고 계시기 때문에

하나님을 믿지 않은 사람들처럼 오직 이 세상의 것만 구하지 말라' 는 뜻입니다. 즉 두 말씀은 기도하기 전 하나님께서 어떤 분이신지를 알고(마 6:8) 또 하나님께서 우리에게 무엇을 원하시는지(마 6:32) 알라는 뜻이지, 기도하지 않아도 된다는 말씀이 아닙니다. 성경에는 우리가 기도하지 않아도 된다고 가르치는 곳은 한 군데도 없습니다.

• • •

로마서 8장 26절은 "이와 같이 성령도 우리 연약함을 도우시나니 우리가 마땅히 빌 바를 알지 못하나 오직 성령이 말할 수 없는 탄식으로 우리를 위하여 친히 간구하시느니라"고 말씀하고 있습니다. 이 말씀을 어떤 의미로 이해해야 할까요?

위 말씀은 성령의 사역을 소개한 것이지 우리가 기도하지 않아도 된다고 가르치는 말씀이 아닙니다. 따라서 이 말씀을 근거로 기도의 불필요성을 주장해서는 안 됩니다. 오히려 성경은 "성령 안에서 우리가 무시로 기도하라"(엡 6:18)고 말씀하고 있습니다. 그렇습니다. 성령께서 우리를 위하여 간구하실지라도 우리는 성령의 도우심으로 더욱 더 하나님께 기도하기를 힘써야 합니다.

• • •

 기도하고 싶지만 기도가 잘되지 않는 경우가 있습니다. 왜 이런 현상이 일어날까요? 여러 가지 이유가 있을 수 있지만 무엇보다 가장 중요한 이유는 마귀에게 눌려있기 때문입니다. 어떻게 하면 이런 상황에서 벗어날 수 있을까요?

A^{D3} 기도가 잘되지 않는다는 것은 한 마디로 영적인 상태가 좋지 않다는 것입니다. 즉 영적으로 병들어 있다는 증거입니다. 사람들은 육신의 병에 대하여는 민감하게 반응하지만 영적인 병에 대하여는 별로 관심을 가지지 않습니다.

기도가 잘되지 않을 경우는 먼저 찬양과 감사를 드리고 자신의 잘못을 주님께 고백해야 합니다. 그러면 마귀가 떠나고 기도의 문이 활짝 열리게 됩니다. 쉽게 치료할 수 있는 병도 방치하면 고질병이 되어 치료가 불가능해지듯이 기도가 잘 되지 않는데도 그냥 놔두면 결국은 영적인 침체에 빠져 무능하고 연약한 그리스도인이 됩니다.

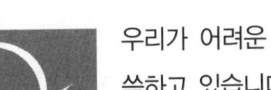

우리가 어려운 일을 만났을 때 성경은 부르짖어 기도하라고 말씀하고 있습니다(시 50:15). 그러나 감당할 수 없을 정도로 힘든 상황에 처하게 되면 생각만큼 부르짖어 기도하는 것이 쉽지 않습니다. 어떻게 하면 극도의 절망적인 상황에서 시험에 들지 않고 하나님께 기도할 수 있을까요?

A^{D3} 무엇보다도 하나님께서 모든 것을 합력하여 선을 이루신다는 사실을 믿어야 합니다(롬 8:28). 즉 당면한 문제들을 결과로 보지 않고 축복에 이르는 과정으로 보면 절망적인 상황을 쉽게 극복할 수 있습니다.

　요셉이 형제들에게 애굽의 노예로 팔려가고, 보디발 아내의 모함으로 억울하게 감옥에 갇혔지만 오히려 그것들 때문에 애굽의 총리가 된 것처럼 인생의 모든 여정에서 경험하는 온갖 고난들은 합력하여 선을 이루게 하시는 하나님의 계획된 선물임을 알아야 합니다.

・・・

Q11 혹 '레노바레'(관상기도)에 대하여 들어보셨습니까? '레노바레' (renovare)는 라틴어로 '새롭게 한다'는 뜻을 가지고 있는데 이것은 청교도와 퀘이커의 영향을 받은 리처드 포스터 목사에 의해 시작됐으며 교파를 초월해 점점 이 운동에 참여하는 개신교 신자들이 많아지고 있습니다. 관상기도가 일어나게 된 배경은 무엇이며, 이 운동을 어떻게 이해하는 것이 바람직할까요?

한 마디로 '레노바레'는 침묵 속에서 자신의 내면으로 들어가 하나님의 임재를 체험하므로 변화된 삶을 추구하는 운동입니다. 이 운동이 기존의 기도 운동과 다른 점은 큰 소리로 외치는 통성기도를 강조하지 않고, 고요함 속에서 하나님의 사랑을 체험하는 침묵기도를 강조하는 것입니다. 이런 점에서 카톨릭의 관상기도(觀相祈禱)와 유사합니다.

이런 기도 운동이 발생하게 된 것은 지나친 성장주의와 물량주의로 관심 밖으로 밀려났던 자신의 내면을 깊이 성찰할 필요가 있기 때문입니다. 즉 하나님의 사랑을 인격적으로 체험할 뿐만 아니라, '부르짖는 기도'가 주지 못하는 내면적인 풍성함을 맛보기 위해서 입니다.

그러나 어느 한쪽으로 치우치면 안 됩니다. 하나님께 도움을 청해야 하는 긴박한 상황에서는 부르짖는 기도를 하고, 주님과 깊은 교제를 통하여 자신의 내면을 성찰할 경우는 관상기도를 하면 됩니다.

• • •

하나님의 자녀가 아버지이신 하나님께 기도하는 것은 너무나 당연한 것입니다. 그러나 훈련을 받지 않고 기도하는 것과 훈련을 받고 기도하는 것과는 하늘과 땅만큼 차이가 납니다. 그러므로 우리는 기도의 훈련을 받고 기도해야 합니다. 본서의 지침을 따라 훈련 받으면 누구든지 이 시대의 또 다른 기도의 사람이 될 것입니다. 당신이 기도의 사람이 되는데 예상되는 방해물이 무엇이며, 어떤 각오를 하고 있는지 적어보세요.

- 예상되는 방해물

- 기도훈련에 임하는 자세

기도는 아이디어 뱅크

　미국의 어느 직장에서 갑자기 퇴출된 사람이 있었습니다. 직장에 출근해 보니 아무런 설명도 없이 책상에 해고 통보서가 놓여 있었습니다. 속에서 분노가 치밀어 올랐습니다. 직장과 자신의 상관들에 대한 복수심이 끓어올랐습니다. 끓어오르는 분노와 함께 자포자기한 나머지 그는 가출했습니다.

　그러나 얼마간의 방황 끝에 그는 다시 집으로 돌아왔습니다. 그리고 아내에게 이렇게 말했습니다. "여보, 나는 죽고 싶소. 모든 노력을 다 해 봤지만 아무 것도 되는 일이 없소." 그러자 아내는 자기 남편을 향해 이렇게 말했습니다. "여보, 당신은 한 가지 시도를 해보지 않았어요. 당신은 당신이 처한 이 상황과 문제에 대해서 진지하게 기도해 보신 적이 없잖아요."

　이상하게도 이 말이 그에게 큰 감동이 되어 다가왔습니다. "그래, 맞아. 나는 이 일에 대해 기도해 본 적이 없지!" 그는 아내와 함께 기도하기 시작했습니다. 며칠 기도하는 동안 마음속에 있던 직장과 상사를 향한 미움과 복수의 감정이 다 사라졌습니다. 머리 속에서는 새로운 아이디어가 떠오르기 시작했습니다. 그는 자기 집을 담보로 은행 융자를 얻어 조그마한 건축업을 시작했습니다. 그렇게 잘될 수가 없었습니다. 5년 만에 그는 작지만 자기 기업을 갖게 되었습니다.

　그러던 어느 날 그는 이렇게 기도했습니다. "하나님! 제가 건축을 하면서 여기 저기 여행을 하다 보니 좋은 호텔이 없습니다. 좋은 호텔은 있지만 너무 비싸고, 작은 호텔은 너무 분위기가 안 좋아서 제가 새로운 호텔을 지었으면 합니다. 우리 이웃들에게 좋은 서비스를 베풀기 위해서 아주 깨끗한 호텔 그러면서도 적절한 가격에 쉼을 제공할 수 있는 호텔을 짓고 싶습니다."

하나님은 그의 기도에 응답하셨습니다. 그는 하나 둘 호텔을 짓기 시작했습니다. 이것이 세계적인 체인이 된 홀리데이 인 호텔(Holiday Inn Hotel)입니다. 그리고 이 사람은 홀리데이 인 호텔의 창업자인 케몬스 윌슨(K. Wilson) 입니다.

제 2 훈련마당
기도, 왜(Why)

훈련목표
기도가 신자의 의무인 동시에 특권임을 부각시키고
기도하지 않으면 안 되는 이유를 알게 하여
기도의 불을 지핀다.

지난 훈련마당 복습

- 기도에 대한 잘못된 생각들을 바꾸어야 합니다.
- 기도는 영적 전쟁임을 알아야 합니다.
- 기도를 많이 하는 이유로 교만해서는 안 됩니다.
- 작은 일까지도 주님과 의논하는 자세를 가져야 합니다.
- 기도가 잘 되지 않는 상황을 대수롭지 않게 생각하면 안 됩니다.
- 관상기도에 대한 바른 이해가 필요합니다.
- 훈련을 받아 기도해야 합니다.

D3 한 마디

멈출 수 없는 기도

어떤 사람이 시계에 달린 큰 추를 보고는 시계가 힘들어 하니 추를 떼어 두자고 했습니다. 그러나 추를 떼는 순간 시계 바늘이 멈추었습니다.

배는 돛이 무거워도 그것으로 항해하고, 새는 날개가 무거워도 그것으로 인해 창공을 날고, 기차는 화통이 무거워도 그것으로 질주하고, 비행기는 날개가 무거워도 그것으로 하늘을 날듯이, 성도는 피곤하고 힘들어도 매일 기도해야 생명이 넘치는 삶을 살 수 있습니다.

어떤 이유라도 기도를 멈추면 안 됩니다. 기도조차 할 수 없는 상황에서도 기도해야 합니다. 기도를 멈추는 순간 하나님의 은혜도 멈춥니다. 기도하기를 쉬는 죄를 여호와 앞에 결코 범치 말아야 합니다(삼상 12:23).

 모든 그리스도인은 기도해야 합니다. 왜냐하면 기도는 신자의 의무인 동시에 특권이기 때문입니다. 기도가 신자의 특권이며 의무라는 말은 각각 어떤 의미가 있을까요?

기도가 특권인 이유는 오직 하나님의 자녀만이 하나님께 기도할 수 있기 때문입니다(롬 8:15). 기도를 신자의 특권이라고 하는 것은 기도를 해야만 역사가 일어나지, 그렇지 않으면 무용지물(無用之物)에 불과함을 의미합니다. 당신은 기도의 특권을 누리고 있습니까? 아니면 사장(死藏)시키고 있습니까?

　기도가 의무인 것은 성경이 모든 그리스도인에게 '기도하라'고 명령하고 있기 때문입니다(살전 5:17). 이 명령에는 기도하지 않으면 그에 따른 대가를 지불해야 한다는 의미도 내포되어 있습니다. 즉 기도하지 않으면 명령 불이행에 따른 대가를 치를 수밖에 없습니다. 혹 가정과 사업장에 문제가 생겼습니까? 기도의 의무를 이행하지 않았기 때문일 수도 있음을 알아야 합니다.

• • •

 사람들은 주로 각종 문제들을 해결받기 위해서 기도합니다. 그러나 기도를 통해 문제만 해결받는 것이 아닙니다. 기도는 주님과 교제의 통로임을 알아야 합니다. 당신은 주로 어떤 이유로 기도하고 있습니까?

AD3 기도는 크게 두 가지 기능을 가지고 있습니다. 하나는 하나님과 교제의 수단이고, 다른 하나는 하나님께 도움을 청하는 수단입니다. 그러나 이 두 가지 기능 중에서 주님과의 교제가 보다 더 기도의 본질적인 기능임을 알아야 합니다. 하나님께서 자녀들에게 각종 문제를 허락하셔서 기도하게 하시는 것도 우리와 교제하기를 원하시기 때문입니다. 단순히 문제를 해결 받기 위해서만 기도하지 말고 늘 주님과 교제하기 위해 기도해야 합니다.

> **목적에 따른 기도 자세**
> 기도하는 목적에 따라 기도하는 자세가 달라야 합니다. 하나님과의 교제를 목적으로 하는 기도는 일상적인 대화의 자세로 하고, 하나님께 문제를 해결해 달라고 간청하는 경우는 매달리는 자세로 해야 합니다.

• • •

 기도는 '영혼의 호흡', '하나님과의 대화', '영적 전쟁' 입니다. 그러나 기도를 이렇게 이해하는 것만으로는 성공적인 기도생활을 할 수 없습니다. 기도해야 할 구체적인 이유를 알아야 합니다. 왜 그럴까요?

A^{D3} 기도해야 할 구체적인 이유를 모르는 사람은 열심히 기도하지 않을 뿐더러 성공적인 신앙생활을 할 수 없기 때문입니다. '필요는 발명의 어머니'라는 말이 있듯이 기도해야 할 이유를 분명하게 깨달을 때 기도하게 되고, 기도 응답의 축복을 누리는 삶을 살 수 있습니다.

• • •

 신자는 하나님의 뜻을 알기 위해 늘 기도해야 합니다. 왜 그럴까요?

A^{D3} 주님께 묻지 않으면 구체적인 주님의 뜻을 알 수 없기 때문입니다. 평소 하나님과 친밀한 관계를 누리고 있어도 늘 주님께 묻지 않으면 구체적인 사안에 대한 하나님의 뜻을 알 수 없습니다. 우리는 이런 사실을 다윗과 나단선지자의 대화를 통하여 알 수 있습니다(대상 17장). 다윗 왕이 선지자 나단에게 하나님의 성전을 건축하겠다는 의사를 내비추자 나단선지자가 왕의 마음에 있는 바를 행하라고 했습니다. 그런데 그날 밤 하나님께서 선지자 나단에게 나타나셔서 다윗 왕에게 성전을 건축하지 말라고 전하라 말씀하셨습니다.

 나단선지자가 평소 하나님의 말씀을 대언할 정도로 하나님과 친밀했지만 성전 건축에 대한 하나님의 뜻은 알 수 없었듯이 우리가 하나님과 늘 교제하고 있어도 범사에 하나님께 묻지 않으면 하나님의 뜻을 알 수 없습니다. 따라서 우리는 모든 일에 늘 주님의 뜻을 알기 위해 기도해야 하는 것입니다.

> **｜지속적인 기도**
>
> 기도하면 하나님의 뜻을 알 수 있지만 그렇다고 쉽게 알 수 있는 것이 아닙니다. 그렇기 때문에 하나님의 뜻을 알기 위해서는 계속해서 하나님께 묻고 또 물어야 하는 것입니다. 예수님도 십자가를 지시기 전 하나님의 뜻을 알기 위하여 3번이나 기도하셨습니다. 다윗도 항상 중요한 일을 결정하기 전 주님께 묻고 또 물었습니다. 지속적인 기도는 하나님의 뜻을 묻는 매우 좋은 습관입니다.

• • •

 신자는 마귀와의 영적전쟁에서 승리하기 위해서 기도해야 합니다. 왜 그럴까요?

예수를 믿어 죄 사함을 받고 거듭난 자는 반드시 마귀와 영적 전쟁을 해야 합니다. 왜냐하면 마귀의 자녀에서 하나님의 자녀가 되었기 때문입니다(요 8:44; 요 1:12). 마귀는 빼앗긴 자식을 되찾기 위해 마치 우는 사자와 같이 두루 찾아다니며 우리를 공격하고 있습니다(벧 5:8, 참조 엡 6:11-12).

그러나 마귀는 우리보다 강하기 때문에 성령님의 도우심을 받지 않으면 마귀와의 싸움에서 승리할 수 없습니다. 그래서 성경은 마귀와의 싸움에서 이기기 위해 "모든 기도와 간구로 하되 무시로 성령 안에서 기도하고 이를 위하여 깨어 구하기를 항상 힘쓰라"(엡 6:18)고 말씀하고 있는 것입니다.

> **기도하면 능력을 받는다는 의미**
>
> 우리가 기도하면 슈퍼맨이 되어 마귀와의 싸움에서 이기는 것이 아닙니다. 기도할 때 하나님께서 천사를 보내셔서 영적 존재인 마귀와의 싸움에서 이기게 하시는 것입니다. 사도행전 12장에는 베드로가 옥에서 구출되는 과정이 소개되어 있습니다. 그가 어떻게 옥에서 해방이 되었습니까? 베드로의 개인적인 능력이 아니라 교회가 그를 위하여 간절히 기도하자 하나님께서 천사를 보내셔서 옥문을 열어 주셨기 때문입니다. 그렇습니다. 우리가 기도할 때에 하나님께서 천사들을 보내서 우리를 돕게 하심으로 영적 전쟁에서 승리할 수 있는 것입니다(히 1:14).

• • •

신자는 하나님의 나라에서 큰 자가 되기 위해 기도해야 합니다. 왜 그럴까요?

인류의 역사는 강한 자의 역사이기 때문에 힘이 없고 가난한 자는 멸시와 천대를 받습니다. 그러나 하나님의 나라는 그렇지 않습니다. 자신의 무능함을 깨닫고 전능하신 하나님 앞에 엎드리어 기도하는 자가 존귀히 여김을 받는 곳입니다.

혹 교회에서 돈이 있고 힘 있는 자들이 대우를 받을지라도 하나님의 나라에서는 절대로 그런 일이 발생하지 않습니다. 천국은 침노하는 자가 빼앗습니다(마 11:11-12). 범사에 하나님을 인정하고 그분을 크게 의지하는 자를 하나님께서 큰 자로 여기십니다. 따라서 천국에서 큰 자가 되기 위해서는 하나님 앞에 무릎을 꿇고 기도해야 하는 것입니다.

• • •

 신자는 육신의 연약함 때문에 기도해야 합니다. 왜 그럴까요?

우리가 하나님의 자녀가 되었어도 이 세상에서는 여전히 육신을 입고 있기 때문에 연약할 수밖에 없습니다. 육신의 연약성의 한계를 극복하기 위해서는 기도해야 합니다.

따라서 기도하기 위해서는 무엇보다 자신이 얼마나 연약한지를 깨달아야 합니다. 자신이 연약함에도 불구하고 연약하지 않다고 생각하는 사람은 기도하지 않습니다. 셋이 아들을 낳고 '에노스'라고 부른 때부터 기도하기 시작했던 것은 '에노스'(부서지기 쉬운, 죽어야 할 사람이라는 뜻)가 탄생한 때부터 사람들이 실제로 인간의 연약함을 깨달았기 때문입니다(창 4:26).

> **연약성과 기도**
>
> 인간의 이성과 능력이 캐톨릭에 의하여 중세 1000년 동안 완전히 무시를 당하고 짓밟혀 왔습니다. 그러나 문예부흥을 계기로 인간들의 이성과 능력이 높임을 받기 시작했고 지금은 하나님 없이도 모든 것을 할 수 있고 유토피아를 건설할 수 있다고 확신하는 단계까지 이르렀습니다.
>
> 그런데 정말 그럴까요? 성경은 "우리가 이 보배를 질그릇에 가졌으니 이는 능력의 심히 큰 것이 하나님께 있고 우리에게 있지 아니함을 알게 하려 함이라"(고후 4:7)고 말씀하고 있습니다. 인간은 질그릇같이 깨어지기 쉬운 존재입니다. 말 한 마디에 죽기도 하고 살기도 할 만큼 연약한 자들입니다.
>
> 우리는 하나님께서 한 순간이라도 붙잡아 주시지 않으면 살 수 없는 자들입니다. 그러나 연약한 인간이 강해지는 유일한 방법이 있습니다. 그것은 전능하신 하나님께 기도함으로 그분의 능력을 덧입는 것입니다.

• • •

Q8 시험에 들지 않기 위해서 반드시 깨어 기도해야 합니다. 왜 그럴까요?

A D3 우리의 힘과 능력으로는 시험을 이길 수 없기 때문입니다. 기도하는 사람만이 시험에서 이길 수 있습니다(마 26:41). 우리는 이런 사실을 겟세마네 동산의 기도에서 확인할 수 있습니다. 땀이 땅에 떨어지는 피방울 같이 되도록 기도하신 예수님은 시험을 이기시고 십자가를 지셨지만(마 26:36-46), 졸음을 이기지 못하고 기도에 실패한 제자들은 시험에 져서 예수님을 부인하고 도망하였습니다(막 14:50).

 하나님께서 약속하신 것을 성취하기 위해서 기도해야 합니다. 왜 그럴까요?

 성경에는 수많은 약속들이 있는데 그 약속들이 자동적으로 이루어지는 것이 아닙니다. 그 약속들이 자신에게 이뤄지도록 기도해야 합니다. 왜냐하면 하나님께서 우리의 기도를 통하여 그 약속들을 이루시기를 원하시기 때문입니다. 다음의 말씀에서 이를 확인할 수 있습니다. "너희 사면에 남은 이방 사람이 나 여호와가 무너진 곳을 건축하며 황무한 자리에 심은 줄 알리라 나 여호와가 말하였으니 이루리라 나 주 여호와가 말하노라 그래도 이스라엘 족속이 이와 같이 자기들에게 이루어 주기를 내게 구하여야 할찌라"(겔 36: 36-37).

• • •

하나님께 죄를 범치 않기 위해서 기도해야 합니다. 왜 그럴까요?

기도하지 않는 것 자체가 죄를 범하는 것이기 때문에 기도해야 합니다. 하나님께서 기도하라고 명령하셨기 때문에 기도하지 않는 것은 죄를 짓는 것입니다.

사무엘 선지자가 이스라엘 백성들에게 "나는 너희를 위하여 기도하기를 쉬는 죄를 여호와께 범치 않겠다"(삼상 12:23)고 고백했듯이, 우리도 기도하기를 쉬는 죄를 범하지 않겠다고 결심해야 합니다. 그동안 기도하지 않은 것이 죄임을 깨닫고 회개해야 합니다.

∙∙∙

 신자는 각종 문제를 해결받기 위해서 기도해야 합니다. 왜 그럴까요?

성경은 우리가 문제를 만났을 때에 기도하라고 명령하고 있기 때문입니다(시 50:15; 렘 29:11-13). 어떤 문제라도 기도하면 해결 받을 수 있습니다. 기도는 문제 해결의 열쇠입니다. 그렇기 때문에 문제를 만났을 때에 인간적인 수단과 방법을 동원하지 말고 전능하신 하나님께 기도해야 합니다.

사도 바울은 "아무 것도 염려하지 말고 모든 일에 기도와 간구로 너희 구할 것을 감사함으로 하나님께 아뢰라"(빌 4:6)고 권면하고 있습니다. 각종 문제가 생기면 기도하라는 주님의 음성인 줄 알고 주님 앞에 엎드려 기도해야 합니다.

인생의 주님이신 주님께 여쭤보세요

어떤 청년이 시베리아 횡단 기차를 타고 가던 중 자신이 내려야 할 역이 어딘지 몰라서 자기 옆에 앉아있는 아주머니에게 "○○ 역에서 내리려고 하는데 얼마나 더 가야 하지요?"라고 물었습니다. 그러자 그 여인은 "아무 걱정하지 말고 자신이 내리라고 하는 역에서 내리면 된다"고 하였습니다. 기차가 멈추자, 여인은 "이곳이 바로 그 역이다"고 하면서 "빨리 내리라"고 했습니다. 청년은 그 아주머니 말만 믿고 그 기차에서 내렸습니다. 그런데 내리고 보니 그 곳은 기차역이 아니라 잠시 기차가 고장이 나서 멈춘 곳이었습니다. 그는 밤새도록 시베리아 벌판에서 고생을 해야만 했습니다.

누가 잘못한 것일까요? 청년일까요? 아니면 아주머니일까요? 청년입니다. 왜냐하면 기차역이 어디인지는 차장에게 물어봐야 하는데 아주머니에게 물어보았기 때문입니다.

그렇습니다. 우리가 어떻게 인생을 살아야 할지는 인생의 주인이신 하나님께 물어봐야지 사람에게 물어보면 안 됩니다. "너는 범사에 그를 인정하라 그리하면 네 길을 지도하시리라"(잠 3:6).

제 3 훈련마당
기도, 무엇을(What)

훈련목표
기도는 방법도 중요하지만 그보다 더 중요한 것은
'무엇' 을 구하는가이다.
예수께서 무엇을 구해야 할지 가르쳐주셨다.
그것을 구체적으로 습득케 한다.

지난 훈련마당 복습

- 기도는 신자의 특권과 의무이기 때문에 기도해야 합니다.
- 영적 전쟁에서 승리하기 위해 기도해야 합니다.
- 하나님의 나라에서 큰 자가 되기 위해 기도해야 합니다.
- 인간은 연약한 존재이기 때문에 기도해야 합니다.
- 문제를 해결받기 위해서 기도해야 합니다.
- 하나님께서 약속한 것을 성취하기 위해 기도해야 합니다.
- 기도하는 않는 것 자체가 죄가 되기 때문에 기도해야 합니다.

> **D3 한 마디**
>
> **가장 아름다운 손**
>
> 　세계적인 자동차 회사인 미국의 '제너럴 모터스'사 최고의 엔지니어 찰스 케터링은 빈틈없는 기술을 가지고 있어 업계에서는 물론 사회적으로도 널리 알려져 있었습니다. 어느 날 한 모임에서 사회자가 그의 '신화의 손'을 높이 쳐들며 "케터링 씨, 이 손으로 한 일 중에서 가장 중요한 일은 무엇이었습니까?"라고 물었습니다. 사회자는 물론 모임에 참석한 사람들은 모두 '자동차 탄생'이라는 말을 예상했습니다.
> 　그러나 그는 이렇게 말했습니다. "이 손으로 한 일 중 가장 중요한 일은 두 손을 잡고 기도한 일이었습니다." 그렇습니다. 기도하는 손보다 더 아름답고 소중한 것은 없습니다. 당신의 손은 기도하는 손이기에 너무 아름답습니다.

 성경은 "우리가 무엇이든지 구하면 응답해 주신다"(요 14:14)고 약속하고 있습니다. 그러나 실제로는 기도해도 응답받지 못하는 경우가 있고, 반면에 기도하지 않아도 응답받는 경우가 있습니다. 각 사례를 들어 보고, 이러한 사실을 통해 무엇을 알 수 있는지를 적어 보세요.

구해도 받지 못한 경우 - 요한과 야고보가 예수께서 곧 십자가에 돌아가시는 상황에서 "주의 영광 중에 우리를 하나는 주의 우편에 하나는 좌편에 앉게 해 달라"고 구했더니 예수께서 "너희 구하는 것을 너희가 알지 못하도다…… 내 좌우편에 앉는 것은 나의 줄 것이 아니라 누구를 위하여 예비되었든지 그들이 얻을 것이니라"고 하며 거절하셨습니다(막 10:37-40).

구하지 않아도 받은 경우 - 솔로몬이 어린 나이에 왕이 되었기에 백성들을 잘 다스릴 수가 없었습니다. 그래서 무엇보다도 백성을 잘 다스릴 수 있는 지혜를 구했더니 그 구하는 것이 하나님의 마음에 맞아 그가 구하지 않은 부귀와 영광까지 주셨습니다(왕상 3:4-14).

이런 사실을 통하여 우리가 알 수 있는 것은 기도하는 자체보다도 무엇을 구하느냐가 더 중요하다는 것입니다.

● ● ●

 기도하는 것이 중요하지만 그보다 더 중요한 것은 무엇을 구하느냐 입니다. 그래서 예수님께서 주기도를 통하여 무엇을 구해야 할지를 가르쳐주신 것입니다(마 6:9-13). 주님께서 가르쳐주신 기도는 전통적인 기도의 내용과는 좀 다릅니다. 전통적인 기도와 주기도의 차이점은 무엇일까요?

A 전통적인 기도는 하나님께 영광과 감사를 드리고, 죄를 자백하고, 중보기도를 하고, 자신의 필요를 구합니다. 반면에 주기도는 6개의 기도제목으로 되어 있는데, 상반부 3가지는 하나님을 위한 기도이고, 하반부 3가지는 우리 자신을 위한 기도입니다.

주기도는 영적인 전쟁에서 이기도록 기도하고 다른 사람의 죄를 용서하는 기도를 강조하고 있지만, 전통적인 기도에는 그런 내용이 거의 없습니다. 또한 주기도는 하늘의 것과 땅의 것을 균형있게 구하지만, 전통적인 기도는 주로 땅의 것을 구하는데 치중되어 있습니다.

> **주기도 비교(마 6:9-13 & 눅 11:2-4)**
> 주기도는 마태복음(마 6:9-13)과 누가복음(눅 11:2-4)에 기록되어 있는데 몇 가지 다른 점이 있습니다.
> 첫째로, 마태는 여섯 가지 기도제목을, 누가는 다섯 가지 기도제목을 소개합니다.
> 둘째로, 누가의 주기도가 마태의 주기도보다 짧습니다.
> 셋째로, 두 주기도의 공통되는 부분도 마태의 주기도에서는 더 확대되어 나타나고 있습니다. 예를 들면 누가는 '아버지여'라고 단순히 얘기했는데, 마태

> 는 '하늘에 계신 우리 아버지여"라고 하고 있고, 누가는 "우리를 시험에 들게
> 하지 마옵소서"라고 했는데, 마태는 "우리를 시험에 들게 하지 마옵시고 다만
> 악에서 구하옵소서"라고 확대해서 기록하고 있습니다.
>   넷째로, 마지막 송영(나라와 권세와 영광이 아버지께 영원히 있사옵나이다)
> 이 누가에게는 없습니다.

・・・

Q3 예수께서 제자들에게 기도의 대상을 '하늘에 계신 우리 아버지'라고 부르라고 가르치셨습니다. 기도의 대상을 이와 같이 부르라고 가르쳐 주신 의미는 무엇일까요?

 예수께서 하나님을 '우리' 아버지라고 부르라고 하신 것은 우리가 예수님과 같이 하나님의 친 아들이 되었다는 것입니다(롬 8:14-15). 그렇습니다. 우리는 예수님과 똑같이 하나님의 자녀입니다(요 1:12).

또한 우리 '아버지' 라고 부르라고 하신 것은 우리가 하나님께 양육청구권과 재산상속권을 가지고 있다는 것입니다. 그래서 우리는 이 세상에 살아갈 동안 모든 일에 대하여 하나님께 떳떳하게 도움을 청할 수 있고 장차 천국을 상속받는다는 소망을 가지고 살아갈 수 있는 것입니다.

・・・

 주님께서 제일 먼저 구하라고 하신 것은 '이름이 거룩히 여김을 받으시오며'입니다. 왜 이 기도를 해야 할까요?

 '이름이 거룩히 여김을 받으시오며'라는 말은 하나님의 이름만이 창조주의 이름이기 때문에 피조물들의 이름과는 구분이 되어 높임을 받으셔야 한다는 것입니다. 즉 그분의 이름만이 경배와 찬양을 받으셔야 한다는 것입니다. 우리가 이 기도를 드려야 하는 이유는 하나님께서 우리를 그분의 영광을 찬송하게 하기 위해서 만드셨기 때문입니다(사 43:21).

우리가 기도할 때 제일 먼저 '하나님께 영광을 돌린다'고 하는데 이는 "여호와의 이름에 합당한 영광을 하나님께 돌릴찌어다"(시 96:8)의 말씀에 기초한 것으로 '아버지의 이름이 거룩히 여김을 받으시오며'라는 기도와 동일한 것입니다.

• • •

두 번째 우리가 구해야 할 것은 '나라가 임하옵시며'입니다. 왜 이 기도를 해야 할까요?

AD3 '나라가 임하기를 기도하라'는 말은 주님의 통치가 임하기를 기도하라는 말입니다. 즉 주님께서 친히 우리의 마음과 가정과 교회와 나라를 다스리시도록 기도하라는 말입니다.

왜 하나님의 통치가 임하도록 기도해야 할까요? 그렇게 하지 않으면 마귀가 우리의 마음, 가정, 교회, 나라를 다스리기 때문입니다.

예수께서 "너희는 먼저 그의 나라와 그의 의를 구하라 그리하면 이 모든 것을 너희에게 더하시리라"(마 6:33)고 하셨는데 이 말씀은 우리가 먼저 하나님의 통치를 구하는 삶을 살아야 함을 강조하신 것입니다.

• • •

세 번째 기도는 '뜻이 하늘에서 이루어진 것과 같이 땅에서도 이루어지이다' 입니다. 왜 이 기도를 해야 할까요?

AD3 이 기도는 천국에서 하나님께서 계획하신 뜻이 이 세상에서 이루어지도록 기도하라는 것입니다. 기도는 우리의 뜻을 이루는 수단이 아니라 주님의 뜻을 이루는 도구임을 알아야 합니다.

예수께서도 십자가에 못 박혀 돌아가시기 전 겟세마네동산에서 기도하실 때에 "할 만하시거든 이 잔을 내게서 옮기시옵소서 그러나 내 뜻대로 마옵시고 아버지의 뜻대로 하옵소서"(마 26:39)라고 하셨습니다. 즉 예수님 자신의 뜻이 이뤄지기를 기도하지 않고 하나님의 뜻이 이뤄지기를 기도하셨습니다. 당신은 주로 누구의 뜻이 이뤄지기를 위해 기도하고 있습니까?

• • •

Q7 네 번째 기도는 '일용할 양식을 주옵시며' 입니다. 왜 이 기도를 해야 할까요?

A 여기서 '일용할 양식' 이라는 것은 단순히 빵만 의미하지 않고 이 세상에서 살면서 필요한 모든 것을 의미합니다. 주님께서 우리가 열심히 땀 흘려 '일용할 양식' 을 얻으라고 말씀하시지 않고, 하나님께 구하라고 하신 것은 우리의 힘과 노력만으로는 그것을 얻을 수 없기 때문입니다. 그렇습니다. 사람이 아무리 힘쓰고 노력해도 하나님께서 주시지 않으면 아무 것도 받을 수 없습니다(요 3:27; 시 127:1-2).

또한 '양식' 을 구하라고 하시지 않고 '일용할' 양식을 구하라고 하신 것은 날마다 주님을 의지하라는 뜻입니다. 광야에서 이스라엘백성들에게 그 날에 필요한 만나만 내려주심으로 날마다 하나님을 의지하게 하셨듯이, 우리도 날마다 하나님의 공급하심을 바라보고 그분을 의지하는 삶을 살아야 합니다.

• • •

 다섯 번째 기도는 '우리가 우리에게 죄 지은 자를 사하여 준 것 같이 우리의 죄를 사하여 주옵시고'입니다. 왜 이 기도를 해야 할까요?

이 말씀을 문자적으로 해석하면 '우리가 다른 사람의 죄를 용서하지 않으면 주님께서도 우리의 죄를 용서해 주시지 않는다'는 뜻입니다. 그러나 이 말씀은 그런 뜻이 아닙니다. 다른 사람의 죄를 용서하지 않으면 안 된다는 것을 강조하신 말씀입니다. 그렇습니다. 우리는 자신의 죄를 용서해 달라는 회개 기도만 하지 말고 다른 사람의 죄를 용서할 수 있게 해 달라고 기도해야 합니다.

왜 우리가 다른 사람의 죄를 용서할 수 있도록 기도해야 할까요? 그것은 우리의 힘과 능력으로는 우리에게 마음의 상처와 손해를 입힌 사람들을 용서할 수 없기 때문입니다. 그렇습니다. 용서는 우리의 힘으로 할 수 없습니다. 주님께서 용서할 수 있는 힘을 주셔야 할 수 있습니다. 그렇기 때문에 우리에게 상처와 손실을 입힌 사람들을 용서할 수 있도록 기도해야 하는 것입니다.

용서와 건강

마음과 육신은 매우 밀접한 관계에 있기 때문에 용서하지 않으면 몸이 쇠약해지고 질병이 생기기도 합니다. 특별히 신경이나 위장계통의 질병으로 고통을 당하시는 분들 중에는 남편이나 시어머니를 미워하거나 기타 용서하지 못하는 사람들이 많다고 합니다.

어떤 집사님이 17년 동안 머리끝에서 발끝까지 송곳으로 찌르는 것처럼

> 아파서 고통가운데 있었습니다. 그래서 그분은 날마다 진통제로 살았습니다. 그런데 어느 날 용서하지 못하는 것과 질병이 밀접한 관계에 있다는 것을 알고 17년간 미워하던 자기 남편과 시어머니를 용서한다고 하나님 앞에 고백하였습니다. 그랬더니 17년간 약을 먹고 의사를 찾아다녔지만 고치지 못했던 병이 용서의 기도 한 마디에 눈 녹듯이 나았다고 합니다. 용서는 최고의 명약입니다.

여섯 번째 기도는 '시험에 들게 하지 마옵시고'입니다. 왜 이 기도를 해야 할까요?

시험에는 크게 두 가지 종류가 있습니다. 하나는 하나님께서 우리를 복을 주시기 위하여 테스트를 하시는 것이고, 다른 하나는 마귀가 우리를 멸망시키기 위하여 유혹하는 것입니다. 여기서 '시험'은 후자를 의미합니다.

마귀가 우리를 시험하기 위하여 우는 사자와 같이 두루 다니며 삼킬 자를 찾고 있기 때문에(벧전 5:8) 어느 누구도 기도하지 않으면 마귀의 시험에서 이길 수 없습니다.

욥도 시험을 당해 하루아침에 모든 재산과 열 자녀를 잃고 정수리부터 발끝까지 악창이 나서 기왓장으로 긁어야 했지만 기도함으로 시험을 이겼고, 죄 없으신 예수님도 끊임없이 마귀의 시험을 받으셨지만 기도하심으로 이기셨습니다. 일평생 찾아오는 마귀의 시험을 이기기 위해서는 늘 깨어 기도해야 합니다.

> **왜 마귀의 시험을 두려워하지 않아도 될까요?**
>
> 첫째로, 하나님께서 감당치 못할 시험 당함을 허락하지 않으시기 때문입니다(고전 10:13). 하나님의 허락이 없이는 마귀가 우리를 해할 수 없습니다. 욥이 엄청난 시험을 당한 것도 모두 하나님의 허락 하에 일어났음을 알아야 합니다(욥 1:12).
>
> 둘째로, 우리에게 마귀의 시험을 이길 수 있는 무기가 있기 때문입니다(마 26:41). 기도는 마귀의 시험을 이기는 최고의 무기입니다. 기도하면 어떤 시험도 넉넉히 이길 수 있습니다.
>
> 기도를 단순히 문제 해결의 열쇠 정도로만 생각하면 안 됩니다. 마귀의 시험에서 이기기도 하고 지기도 하는 것이 기도에 달려 있습니다. 지금 어떤 시험에 있습니까? 물질입니까? 명예입니까? 이성입니까? 깨어 기도함으로 모든 시험으로부터 승리하시기 바랍니다.

• • •

 성경은 주기도에 소개된 내용 이외에도 우리가 구해야 할 것을 많이 소개하고 있습니다. 특별히 우리가 어떤 것들을 구해야 할까요?

 첫째로, 여호와와 그 능력을 구해야 합니다.

> "여호와와 그 능력을 구할찌어다 그 얼굴을 항상 구할찌어다"(대상 16:11).

하나님께서 주시는 것들만 구하지 말고 하나님 자신을 구해야 합니다. 하나님 자신을 소유하는 것보다 더 큰 축복은 없습니다. 또한 무능하고 연약한 자신을 의지하지 말고 주님의 능력을 구해야 합니다. 기도하여 주님의 능력을 받지 않고는 악한 세상에서 승리할 수 없습니다.

둘째로, 공의와 겸손을 구해야 합니다.

> "여호와의 규례를 지키는 세상의 모든 겸손한 자들아 너희는 여호와를 찾으며 공의와 겸손을 구하라. 너희가 혹시 여호와의 분노의 날에 숨김을 얻으리라"(습 2:3).

우리의 힘으로 바르게 살 수도 없고 겸손하게 살 수도 없습니다. 왜냐하면 타락한 아담의 후손으로 마귀의 사주를 받아 교만과 거짓된 삶에 익숙해 있기 때문입니다. 우리의 힘으로는 결코 이런 습관에서 벗어날 수 없기 때문에 주님께 도움을 구해야 하는 것입니다(참조, 빌 2:5-11).

셋째로, 다른 사람을 위하여 기도해야 합니다.

> "모든 기도와 간구로 하되 무시로 성령 안에서 기도하고 이를 위하여 깨어 구하기를 항상 힘쓰며 여러 성도를 위하여 구하고"(엡 6:18).

우리말 성경은 '여러 성도'를 위하여 기도하라고 번역하고 있지만 원문에는 '모든 성도'라고 번역하고 있습니다. 이와 같이 다른 사람을 위해 기도하는 것을 '중보기도'라고 하는데 '중보기도'는 선택적인 것이 아니라 주님의 명령입니다.

우리는 자신만이 아니라 다른 사람들을 위하여 반드시 기도해야 합니다. 신앙의 성숙은 기도하는 대상의 범위에 비례하기 때문에 영적인 성숙을 위해서라도 중보기도의 시간과 범위를 더욱 넓혀가야 합니다.

넷째로, 복음사역자들을 위하여 기도해야 합니다.

> "또한 우리를 위하여 기도하되 하나님이 전도할 문을 우리에게 열어 주사 그리스도의 비밀을 말하게 하시기를 구하라 내가 이것을 인하여 매임을 당하였노라"(골 4:3).

복음전도는 전후방이 없는 영적 전쟁이기 때문에 배후에서 중보기도 팀의 기도후원이 없이는 복음사역자들이 성공적으로 복음사역을 할 수 없습니다. 따라서 복음사역자들이 현장에 나가 복음의 비밀을 담대하게 증거하도록 배후에서 기도해야 합니다.

다섯째로, 나라의 위정자들을 위해서 기도해야 합니다.

> "그러므로 내가 첫째로 권하노니 모든 사람을 위하여 간구와 기도와 도고와 감사를 하되 임금들과 높은 지위에 있는 모든 사람을 위하여 하라 이는 우리가 모든 경건과 단정한 중에 고요하고 평안한 생활을 하려 함이니라"(딤전 2: 1-2).

그리스도인들은 특정 정당이나 정치인의 잘못을 비판하기 전 그들을 위해 기도해야 합니다. 왜냐하면 그들은 비판의 대상이 아니라 중보기도의 대상이기 때문입니다. 그들을 위해 기도할 때에 하나님께서 평안한 삶을 허락해주십니다.

모든 일에 기도하라

　미국 노스웨스트대학 창설자인 버터필드 박사의 간증입니다. 그가 대학을 세우기 전 부흥사로서 복음을 전할 때였습니다. 버터필드가 어느 도시에서 부흥집회를 인도하게 되었는데 그 교회의 한 노부부 집에 짐을 풀었습니다. 노인 부부의 음식 솜씨도 그렇고, 침대도 훌륭한 것이 아니어서 마음에 걸렸던 교회 제직들은 걱정을 하다가 부흥사 숙소를 새로 마련하여 옮겨가기를 권했습니다. 새로운 숙소는 부유하게 사는 젊은 부부의 집으로 넓은 정원이 있는 큰 집이었습니다.

　그러나 버터필드 박사는 옮기기 전에 먼저 이 문제를 놓고 기도하기로 했습니다. 그러자 제직은 이렇게 생각했습니다. "이런 하찮은 문제를 두고 기도하시다니…." 그러나 그의 생각은 전혀 달랐습니다. 그는 이렇게 기도했습니다. "하나님, 제가 젊은 부부가 사는 집으로 옮겨도 되겠습니까? 아니면 이 집에 그냥 머물러 있을까요?" 기도하는 중에 그의 마음속에 누가복음 10장 7절의 말씀이 떠올랐습니다. "그 집에 유하며 주는 것을 먹고 마시라. 일꾼이 그 삯을 얻는 것이 마땅하니라. 이 집에서 저 집으로 옮기지 말라." 버터필드 박사는 제직들에게 "이미 이곳에 여장을 풀었으니 조금 불편하더라도 집회가 끝날 때까지 여기에 머물겠습니다"라며 숙소 옮기는 것을 거절했습니다.

며칠이 지났습니다. 집회가 계속되고 있던 중 버터필드 박사가 옮겨갈 뻔 했던 그 집에 장티푸스가 발생하여 1개월 동안 출입 금지 지역이 되고 말았습니다. 만약 박사가 기도하지 않고 사람의 생각대로 숙소를 옮겼더라면 그는 부흥 집회를 계속해서 할 수 없게 되었을 것입니다. 뿐만 아니라 1개월 동안의 금족령이 해제될 때까지 그 집에 갇혀서 집으로 돌아갈 수도 없었을 것입니다. 숙소를 옮기는 사소한 일이었지만 버터필드 박사는 그것마저도 하나님과 상의했기 때문에 무사히 집회를 마칠 수 있었습니다.

버터필드의 이야기는 우리에게 모든 것을 하나님께 의지하고 그분의 지시를 따르는 것이 얼마나 중요한 것인지를 가르쳐주고 있습니다.

제 4 훈련마당

기도, 어떻게(How)

훈련목표
같은 일을 해도 방법에 따라 그 결과가 전혀 다르다.
본장에서는 응답받는 기도의 노하우를 체득케 한다.

지난 훈련마당 복습

- 기도하는 것보다 무엇을 구하느냐가 더 중요합니다.
- 전통적인 기도와 주기도의 차이를 알아야 합니다.
- 주기도 6개 기도제목의 의미를 분명히 알아야 합니다.
- 주기도외에 무엇을 구해야 하는지를 알아야 합니다.

D3 한 마디

확신으로 기도하라

역사가 H.G 웰즈가 쓴 '대주교의 죽음'이라는 단편 가운데 이런 이야기가 나옵니다. 대주교가 기도 시간이 되어서 성전에 들어가 "오, 전능하시고 자비로우신 하나님!"하고 기도를 시작했을 때, 하늘에서 소리가 들렸습니다. "오냐, 무엇을 고하려 하느냐?" 깜짝 놀란 대주교는 "하나님! 정말 제 기도를 듣고 계셨군요?"하면서 그 자리에서 심장마비로 쓰러져 죽고 말았다는 이야기입니다.

대주교는 평생 동안 주교의 임무로 시간이 되면 성당에 들어가 형식적으로만 기도했지 하나님께서 자신의 기도를 듣고 계시다는 확신이 없었던 것입니다. 기도할 때에 가장 중요한 것은 하나님께서 자신의 기도에 귀를 기울이고 계심을 확신하는 것입니다.

 기도를 해도 응답 받는 기도가 있고 응답 받지 못하는 기도가 있습니다. 따라서 응답받는 기도의 방법을 배워야 합니다. 어디서 그 방법을 배울 수 있을까요?

성경에는 우리가 어떻게 기도해야 응답 받을 수 있는지 그 방법을 정확히 소개하고 있습니다. 무엇보다도 예수께서 가르쳐주신 방법을 따라 기도하면 응답 받을 수 있습니다(마 21:22; 막 11:25; 눅 18:1-8; 요 15:16 등). 또한 성경속의 인물들이(특히 기도의 사람 엘리야) 기도한 방법을 따라 기도하면 응답 받을 수 있습니다(왕상 18:41-46).

• • •

 기도의 응답을 받기 위해서는 무엇보다도 하나님의 뜻대로 구해야 합니다. 왜 그럴까요?

무엇보다도 기도는 주님의 뜻을 이루는 수단이기 때문입니다. 그렇습니다. 기도는 주님의 뜻을 이루는 수단이기 때문에 그분의 뜻대로 구해야 응답을 받을 수 있습니다.

또한 우리의 뜻대로 구하는 것보다 주님의 뜻대로 구하는 것이 훨씬 우리에게 더 유익하기 때문입니다. 주님은 가장 좋은 것을 우리에게 주신다는 것을 알아야 합니다(마 7:11).

• • •

 기도의 응답을 받기 위해서는 오직 믿음으로 기도해야 합니다. 왜 그럴까요?

하나님은 믿음으로 기도하는 자들을 기뻐하시기 때문입니다 (히 11:6). 믿음으로 기도한다는 말은 하나님께서 자신의 기도에 응답해 주실 것을 확신하는 것인데, 하나님은 믿음으로 구할 때 기도에 응답하실 뿐만 아니라 각가지 기적을 베풀어주십니다(약 5:15).

그런데 우리의 기도에 하나님께서 응답하실 것을 무엇으로 확신할 수 있습니까? 하나님의 말씀입니다. 그렇습니다. 성경은 우리가 믿고 기도하면 응답해주신다고 약속하고 있습니다(마 21:22; 막 11:24).

• • •

 기도의 응답을 받기 위해서는 강청해야 합니다. 왜 그럴까요?

A^{D3} 하나님께서 '강청' 하는 기도를 원하시기 때문입니다. '강청'은 헬라어로 '아나이데이안'이라고 하는 데 '부정 접두어'와 '부끄러워함'이라는 단어가 합성된 것입니다. 즉 부끄러하지 않는 마음인 '뻔뻔함, 담대함'이 '강청'인 것입니다.

하나님의 자녀는 당연히 기도의 응답을 받을 자격이 있습니다. 그러나 가만히 있으면 안 됩니다. 하나님께 강청해야 합니다.

> **│ '강청' 기도**
>
> '강청'이라는 말의 의미를 정확하게 이해하려면 누가복음 11장 5-8절을 주의 깊게 살펴보아야 합니다. 이 본문에서 성경 기자가 강조하는 것은 밤중에 떡을 빌리러 온 사람이 친구지간이기 때문에 떡을 빌려주는 것이 아니라 '강청'하기 때문에 준다는 것입니다.
>
> 그런데 왜 성경기자가 밤중에 떡을 빌리러 온 사람의 행동을 강청이라고 했을까요? 그 당시 유대인들은 잠자리를 왕골을 엮어서 만들었습니다. 그래서 잠을 자다가 한 사람이 일어나면 다른 사람의 잠을 깰 수밖에 없기 때문에 일단 잠자리에 들면 문을 두드려서는 안 되는 것이 기본적인 예의입니다. 그래서 친구가 떡을 빌려달라고 하자, "나를 괴롭게 하지 말라 문이 이미 닫혔고 아이들이 함께 나와 침소에 누웠으니 일어나 네게 줄 수가 없노라"고 말한 것입니다. 그러함에도 불구하고 잠을 자던 친구가 일어나서 떡을 빌려 준 이유는 이러한 상황을 잘 알고 있음에도 불구하고 찾아온 뻔뻔함 때문입니다.
>
> 우리가 하나님께 기도할 때에는 뻔뻔스러워야 합니다. 즉 담대하게 나가야 합니다. 우리가 부족하고 죄를 지었어도 하나님께 담대하게 나아가야 합니다. 하나님은 이런 기도의 자세를 기뻐하시고 응답해주십니다.

 기도의 응답을 받기 위해서는 끈기있게 기도해야 합니다. 왜 그럴까요?

___

___

___

 기도의 응답은 하나님께서 주시는 것이기 때문에 그분께서 주실 때까지 기다려야 합니다. 끈기없는 기도는 응답을 받을 수 없습니다(히 10:36).

기도의 응답과 관련해서 한 가지 기억해야 할 것은 기도 응답의 시간이 길면 길수록 그 응답의 열매가 크고 귀하다는 것입니다(잠 13:12). 로마가 하루아침에 이루어지지 않았듯이 위대한 기도의 응답도 많은 시간이 걸린다는 것을 알아야 합니다. 주님을 만나는 것이 우리에게 가장 기쁘고 소중한 것은 그것이 우리가 소망하고 기다리는 것 중에 가장 나중에 이루어지기 때문입니다.

인내의 시험

기도의 응답을 받기 위해서는 인내의 시험을 통과해야 합니다. 나아만장군이 한센씨병을 고침 받은 것은 요단 강물에 7번 담그라는 명령에 끝까지 순종했기 때문입니다(왕하 5:1-14). 나아만 장군이 요단 강물에 6번만 잠그었다면 고침 받지 못했을 것입니다.

현대인들은 기도하되 쉽게 중간에 포기합니다. 마치 옆집에 초인종을 누르고 주인이 나오기 전에 도망치는 장난꾸러기 꼬마처럼 기도하고 있습니다. 기도로 인내의 훈련을 받지 않는 사람은 주님이 오실 때까지 겪어야 할 많은 시험을 능히 이길 수 없습니다. 인내하되 조금만 더 인내하십시오. 혹 기도의 응답이 빨리 오지 않는다고 낙심하고 있습니까? 그렇다면 이 찬송을 부르시오.

> "기도의 응답 없다고 그렇게 낙심 말아라 만사에 때가 있나니 조금만 더 기
> 다려라 신실한 약속 붙잡고 조금만 더 기다려라."

• • •

 기도의 응답을 받기위해서는 전심으로 기도해야 합니다. 왜 그럴까요?

A^{D3} 전심으로 기도한다는 말은 하나님께만 마음을 쏟고 기도한다는 뜻입니다. 하나님은 우리의 외모를 보시지 않고 마음의 중심을 보시기 때문에 전심으로 기도하는 자에게 응답을 주십니다(대하 16:9; 렘 29:13).

기도하지만 염려하는 것은 두 마음을 품는 것이고 그런 사람은 기도로 하나님께 얻을 생각 자체를 하지 말아야 합니다(약 1:6-8). 주님께 전심으로 구하는 자만이 기도의 응답을 받을 수 있습니다.

| 부끄러운 고백

일반대학에 다닐 때 날마다 새벽예배를 드린 후 등교했습니다. 사법고시 준비로 수면시간이 절대적으로 부족했기 때문에 예배 후 기도할 때에 가끔 졸기도 했습니다. 한 날은 너무 졸려서 기도 하던 중 찬송을 불렀는데 그때에 부른 찬송이 93장 '예수는 나의 힘이요'였습니다. 1절의 2번째 마디는 '구주 예

수 떠나가면 죄 중에 빠지리'이고, 2절의 2번째 마디는 '그 은혜를 간구하면 풍성히 받으리'입니다. 그런데 너무 졸린 나머지 1절 가사와 2절 가사를 혼합하여 '그 은혜를 간구하면 죄 중에 빠지리'라고 찬송하고 있었습니다. 순간 깜짝 놀랐고, 웃지 않을 수가 없었습니다.

찬송을 이렇게 불렀다는 것은 전심으로 부르지 않았다는 증거입니다. 기도를 하든 찬송을 하든 전심으로 해야 합니다.

・・・

 기도의 응답을 받기위해서는 되도록 많은 시간 기도해야 합니다. 왜 그럴까요?

영적인 세계에서도 심은 대로 거두는 법칙이 적용되기 때문입니다(고후 9:6; 갈 6:7). 많은 기도는 많은 응답을 받습니다. 조지 뮐러가 5만 번 기도 응답을 받은 것은 그만큼 기도하는 시간이 많았기 때문입니다. 또 다른 이유는 많은 시간 기도해야 기도의 사람이 될 수 있기 때문입니다. 세상에 그리스도의 영향력을 끼쳤던 사람들은 모두 하나님과 많은 시간을 보냈고 그러한 기도 습관을 그들의 생활 특성으로 삼았던 사람들입니다.

> **다다익선(多多益善)**
>
> 박종훈 집사(현재 신학중이며 전도사로 불리기도 함)는 외국인 금융회사에 다니면서도 15년 이상을 하루에 7시간 이상 기도하고 있습니다.
>
> 루터는 "만약 내가 매일 새벽 2시간을 기도로 보내지 않으면 그 날의 승리는 마귀에게로 돌아갈 것이다. 나는 너무나 할 일이 많아서 매일 3시간을 기도로 보내지 않는다면 결코 이 일을 지탱해 나갈 수가 없다"고 했습니다.
>
> 기도를 위하여 많은 시간을 투자하지 않는 사람은 기도의 사람이 될 수 없고 기도의 사람이 되지 않으면 어느 누구도 하나님을 위하여 위대한 일을 할 수 없습니다.

• • •

Q8 응답받는 기도를 하기 위해서는 정시기도뿐 아니라 무시기도를 해야 합니다. 왜 그래야 할까요?

 주님께서 "항상 깨어있으라"(마 25:13; 살전 5:17)고 말씀하셨기 때문입니다. 대부분의 그리스도인들이 유대인처럼 정한 시간에만 기도하면 된다고 생각하고 있습니다. 그러나 정시기도(행 3:1)와 무시기도(엡 6:18)를 병행해야 합니다. 왜냐하면 그렇게 할 때에 삶이 기도가 되고 기도가 삶이 될 수 있기 때문입니다.

• • •

 기도는 반드시 예수의 이름으로 해야 응답을 받습니다. 왜 그럴까요?

우리의 이름은 죄의 대명사이기 때문에 자신의 이름으로 하나님께 나아가면 응답은커녕 저주를 받습니다. 그러나 예수님의 이름은 의의 대명사이기 때문에 그분의 이름으로 나아갈 때 하나님께서 응답을 베풀어 주십니다.

참고로 '예수의 이름으로 구하라'는 말은 단순히 기도의 마지막에 '예수의 이름으로 기도합니다'라고 하라는 의미가 아니라, 기도자체를 '예수님의 의'를 의지하여 하라는 뜻입니다. 즉 철저히 예수님의 피를 의지하여 하나님께 나아가야 한다는 말입니다.

약속된 기도시간-하워드 장군

　미국 하워드 장군은 신앙이 독실한 기독교인이었는데, 그가 서부 해안 지구 사령관을 맡게 되자 그의 친구들은 수요일 저녁에 그의 영전을 축하하는 환송 만찬회를 열기로 했습니다. 그들은 여러 곳에 초대장을 보냈고 대통령까지 축하 전문을 보내왔습니다.

　그들은 장군을 깜짝 놀라게 해주려고 모든 준비를 다 끝내 놓고 맨 마지막에 그에게 알리기로 했습니다.

　드디어 모든 준비를 끝내고 난 후 그들은 장군에게 이 소식을 알렸습니다. 그러나 장군은 선약이 있다고 하면서 이렇게 말했습니다.

　"미안하게 되었네. 사실은 수요일 밤에 다른 약속을 미리 해두었네."

　"하지만 이 사람아, 이 날은 미국에서 가장 저명한 인사들이 참석할테니 다른 약속을 취소하게."

　"나는 기독교인이며 교회 신도중 한 사람이네. 내가 교회와 일체가 되었을 때 수요일 밤 기도회 시간에는 꼭 주님을 만나겠다고 약속했다네. 세상에서 이만큼 중요한 약속을 깨뜨리게 할 자는 없네."

　하는 수 없이 친구들은 만찬회를 하루 연기하여 목요일 밤에 개최했습니다. 그런데 많은 사람들은 그의 행동을 비난하지 않고 오히려 장군을 존경하였습니다. 하나님 앞에서 신실한 그는 사람들에게도 큰 감동을 주었습니다.

제 5 훈련마당
기도응답의 방해꾼

훈련목표
기도의 응답을 방해하는 요소들을 제거하여
더 많은 기도의 응답들을 체험하게 한다.

지난 훈련마당 복습

- 하나님의 뜻대로 기도해야 합니다.
- 믿음으로 기도해야 합니다.
- 강청함으로 기도해야 합니다.
- 끈기있게 기도해야 합니다.
- 전심으로 기도해야 합니다.
- 많은 시간 기도해야 합니다.
- 정시와 무시로 기도해야 합니다.
- 예수의 이름으로 기도해야 합니다.

> **D3 한 마디**
>
> **절망을 뛰어 넘는 기도**
>   베토벤은 그를 가르치던 음악선생으로부터 "너는 음악에는 소질이 없어"하고 핀잔을 들었습니다. 에디슨은 초등학교 때 선생으로부터 "너 같은 멍텅구리는 이 세상에서 처음 본다"는 책망을 들었습니다. 영국의 위대한 정치가 윈스턴 처칠은 초등학교 다닐 때에 1년 낙제를 했습니다. 세계 굴지의 기업 디즈니랜드의 주인 월트 디즈니는 자기가 근무하던 신문사에서 "당신은 아이디어가 부족해서 우리 신문사에 도움을 별로 주지 못하니 그만 두시오"라는 말을 들었습니다. 그러나 그들은 모든 장애를 극복하고 위대한 인생의 주인공이 되었습니다.
>   무엇이 그들을 그렇게 만들었습니까? 조금도 굴하지 않는 불굴의 정신입니다. 기도도 절망의 벽을 뛰어 넘어야 합니다. 하나님을 움직였던 위대한 사람들은 모두 장애를 극복한 기도의 사람들이었습니다.

 기도의 응답으로 살아가기를 원하는 그리스도인은 기도하기 전 먼저 기도 응답의 방해꾼들을 제거해야 합니다. 그 이유는 무엇일까요?

기도 응답의 방해꾼들은 기도의 응답을 방해할 뿐만 아니라 그리스도인의 삶 자체까지 허무는 무서운 능력을 가지고 있기 때문입니다. 그렇습니다. 기도 응답의 방해꾼들은 언제 어떻게 우리의 생명선을 좌초시킬지 모를 정도로 매우 무서운 적입니다. 따라서 자신도 모르게 숨어 있는 기도 응답의 방해꾼들을 모두 제거해야 합니다.

・・・

 기도 응답을 방해하는 것들이 많습니다. 가장 무서운 기도 응답의 방해꾼은 무엇이라고 생각합니까?

기도 응답의 방해꾼 중 최고의 적은 마귀입니다. 마귀는 우리가 기도하면 어떤 일이 일어난다는 것을 알기 때문에 기도 자체를 하지 못하게 할 뿐만 아니라 기도 응답을 받지 못하도록 다양한 방법으

로 방해합니다. 다니엘이 기도했지만 21일 지나서야 응답을 받을 수 있었던 것도 마귀가 기도의 응답을 방해했기 때문입니다(단 10:12-14).

• • •

Q3 죄를 지으면 하나님께서 기도에 응답해주시지 않습니다(사 1:15; 사 59:1-2; 애 3:42-44). 왜 그럴까요?

A D3 "너희가 손을 펼 때에 내가 눈을 가리우고 너희가 많이 기도할 찌라도 내가 듣지 아니하리니 이는 너희의 손에 피가 가득함이니라"(사 1:15).

하나님께서 우리를 죄 가운데서 불러내어 그분의 거룩한 자녀로 삼으셨기 때문에 우리가 죄 가운데서 기도하는 것을 원치 않으십니다. 따라서 기도의 응답을 받기 위해서는 먼저 하나님께서 가장 싫어하시는 죄를 끊어야 합니다(요1 1:9).

그러나 혹 죄 가운데 살고 있더라도 기도를 포기해서는 안됩니다. 죄 중에서도 기도하기를 힘써야 합니다.

• • •

 정욕으로 구하는 기도는 하나님께서 응답하시지 않습니다. 왜 그럴까요?

 "구하여도 받지 못함은 정욕으로 쓰려고 잘못 구함이니라"(약 4:3).

하나님께서 정욕으로 구한대로 주신다면 우리가 멸망에 이르게 된다는 사실을 아시기 때문입니다. 정욕은 죄를 낳고 죄는 사망에 이르게 합니다(약 1:15). 겉으로 보기에는 큰 믿음으로 구하는 것같이 보여도 정욕으로 구하는 것은 헛될 뿐입니다. 성경은 "헛된 부르짖음은 하나님이 결코 듣지 아니하시며 전능자가 돌아보지 아니하심이라"(욥 35:13)고 말씀하고 있습니다.

> **정욕과 큰 믿음**
> 필자가 일반 대학 졸업을 앞두고 장기 금식을 하면서 기도한 것은 장차 군제대 후 신학을 한 후 목사가 되면 여의도순복음교회의 조용기목사님보다 더 큰 교회를 목회할 수 있게 해달라는 것이었습니다. 처음에는 그렇게 기도하는 것이 믿음이 좋기 때문인 줄 알았습니다.
> 그러나 하나님께서 금식 첫 날부터 저의 기도가 정욕으로 가득한 기도임을 깨닫게 하셨고 금식 내내 회개하게 하셨습니다. 물론 성경은 이곳저곳에서 믿음으로 크게 구할 것을 말씀하고 있기 때문에(시 81:10; 막 9:23; 요 14:14) 크게 구하는 것과 믿음으로 구하는 것을 동일하게 생각할 수도 있습니다.

> 그러나 믿음으로 큰 것을 구하는 것과 정욕으로 구하는 것은 구분해야 합니다. 큰 믿음은 하나님께로부터 오는 것이지만 정욕은 육신으로부터 나오는 것입니다. 우리는 자신의 기도가 믿음으로 하는 것인지, 아니면 정욕으로 하는 것인지를 점검해야 합니다.

•••

 남을 용서하지 못하는 마음으로 구하는 기도는 하나님께서 응답하시지 않습니다. 왜 그럴까요?

"서서 기도할 때에 아무에게나 혐의가 있거든 용서하라 그리하여야 하늘에 계신 너희 아버지도 너희 허물을 사하여 주시리라 하셨더라"(막 11:25).

예수께서 십자가의 보혈로 하나님과 우리가 하나 되었고 또한 우리 모두가 그리스도 안에서 서로 하나가 되었습니다. 그런데 우리가 서로 용서하는 마음을 가지지 않으면 하나가 될 수 없고 하나님을 기쁘게 해 드릴 수 없습니다. 그렇기 때문에 용서치 않는 마음으로 구하는 기도는 하나님께서 응답해 주시지 않는 것입니다.

누구를 위한 용서인가?

어느 주일학교 교사가 아이들에게 용서에 대해 가르친 이야기를 소개합니다. 교사는 우선 아이들에게 비닐봉지를 나눠주고, 자기가 마음으로 용서하지 못하는 사람의 수만큼 감자를 담으라고 시켰습니다. 아이들이 감자를 담자, 교사는 그 감자 봉지를 다음 주 만날 때까지 일주일 동안 늘 갖고 다니라고 말했습니다. 잘 때도, 학교 갈 때도 잠을 잘 때도. 일주일이 지나자 아이들이 가지고 다닌 그 감자들은 냄새가 나고 썩기 시작했습니다. 그러자 교사는 아이들에게 이렇게 말했습니다. "용서하지 않는 마음은 부패되고 냄새가 나고 항상 그 마음을 짊어지고 다니기 때문에 무겁고 짐스럽단다. 그래서 우리는 용서를 해야 하는 거야"

그렇습니다. 용서하지 않으면 심적으로 고통스러운 삶을 살아야 할 뿐 아니라 육신의 질병까지도 앓게 됩니다. 그러나 용서하면 기쁨이 충만한 삶을 살 수 있습니다. 용서는 다른 사람을 위해서가 아니라 바로 자신을 위해서 하는 것입니다.

• • •

 의심하며 구하는 기도는 하나님께서 응답하시지 않습니다. 왜 그럴까요?

"오직 믿음으로 구하고 조금도 의심하지 말라 의심하는 자는 마치 바람에 밀려 요동하는 바다 물결 같으니 이런 사람은 무엇이든지 주께 얻기를 생각하지 말라"(약 1:6-7).

의심하며 기도한다는 것은 하나님의 능력을 믿지 못한다는 뜻입니다. 하나님이 어떤 분이십니까? 전지전능하신 분이십니다. 전지전능하신 하나님을 믿지 못하고 의심하는 것은 그분을 멸시하는 것이기 때문에 기도 응답을 받을 수 없습니다. 하나님을 볼 수 없지만 믿는다는 것은 그분을 전지전능하신 분으로 온전히 대접해 드리는 것입니다. 그래서 믿음으로 구하는 자에게는 하나님께서 응답해 주시고 의심하는 자에게는 응답해 주시지 않는 것입니다.

• • •

인색한 마음으로 구하는 기도는 하나님께서 응답하시지 않습니다. 왜 그럴까요?

"귀를 막아 가난한 자의 부르짖는 소리를 듣지 아니하면 자기의 부르짖을 때에도 들을 자가 없으리라"(잠 21:13).

사도 요한의 말대로 눈에 보이는 형제를 불쌍히 여기는 마음이 없는 자는 역시 하나님을 사랑하는 마음이 없기 때문입니다(요1 3:17). 하나님은 자신을 사랑하는 자를 사랑하시고 만나주십니다(잠 8:17). 하나님은 심은 대로 거두게 하십니다. 우리가 사람에게 인색하면 하나님께서 역시 우리에게 인색하시기 때문에 기도의 응답을 받을 수 없는 것입니다.

 하나님의 말씀에 순종하지 않으면서 구하는 기도는 하나님께서 응답하시지 않습니다. 왜 그럴까요?

 "사람이 귀를 돌이키고 율법을 듣지 아니하면 그의 기도도 가증하니라"(잠 28:9)

하나님의 말씀에 순종하지 않는 것은 하나님과 무관한 삶을 사는 것이기 때문에 기도해도 응답을 받지 못하는 것은 당연합니다. 하나님 말씀의 순종과 기도의 응답은 정비례합니다. 그래서 사도 요한은 "무엇이든지 구하는 바를 그에게 받나니 이는 우리가 그의 계명들을 지키고 그 앞에서 기뻐하시는 것을 행함이라"(요1 3:22)고 말씀하고 있는 것입니다. 우리가 하나님의 말씀에 순종할 때에 하나님께서도 우리의 기도에 기쁘게 응답하십니다.

• • •

 교만한 마음으로 기도하면 응답을 받을 수 없습니다. 왜 그럴까요?

A^{D3} "젊은 자들아 이와 같이 장로들에게 순복하고 다 서로 겸손으로 허리를 동이라 하나님이 교만한 자를 대적하시되 겸손한 자에게는 은혜를 주시느니라"(벧전 5:5).

하나님은 겸손한 자에게 은혜를 베푸시고 교만한 자를 대적하시기 때문에 교만한 마음을 품으면 기도의 응답을 받을 수 없습니다. 하나님을 믿어도 교만한 마음을 가진 자는 하나님보다는 자신의 능력을 더 의지하기 때문에 기도의 응답을 받을 수 없습니다. 마귀는 이런 사실을 잘 알고 있기 때문에 틈만 나면 우리의 마음을 교만하게 하여 기도 응답을 받지 못하게 하기 때문에 마음이 높아지지 않도록 힘써 노력해야 합니다.

기도의 칭기스칸

"집안이 나쁘다고 탓하지 말라. 나는 아홉 살 때에 아버지를 잃고 마을에서 쫓겨났다. 가난하다고 말하지 말라. 나는 들쥐를 잡아먹으며 연명했고 목숨을 건 전쟁이 내 직업이자 일이었다. 적은 나라에서 태어났다고 말하지 말라. 그림자 말고는 내 친구도 없고 병사는 10만, 백성은 어린아이와 노인까지 합쳐 2백만도 되지 않았다. 배운 게 없다고 힘이 없다고 탓하지 말라. 나는 내 이름도 쓸 줄 몰랐으나 남의 말에 귀 기울이면서 현명해지는 법을 배웠다. 너무 막막하다고 그래서 포기해야겠다고 말하지 말라. 나는 목에 칼을 쓰고도 탈출했고, 뺨에 화살을 맞고 죽었다 살아나기도 했다. 적은 밖에 있는 것이 아니라 내 안에 있었다. 나는 내게 거추장스러운 것을 깡그리 쓸어버렸다. 극복하는 그 순간 나는 마침내 칭기스칸이 되었다."

그렇습니다. 기도의 장애물은 밖에 있지 않고 내 자신 안에 있습니다. 더 이상 핑계거리를 대지 말고 모든 기도의 장애물을 과감하게 극복해야 합니다. 장애물을 극복하는 순간 기도의 나라를 마음껏 항해하는 기도의 칭기스칸이 될 것입니다.

제 6 훈련마당
중보기도

훈련목표
중보 기도의 중요성을 깨닫게 하고
더욱 폭넓게 다른 사람을 위해 기도하는
중보기도자가 되게 한다.

지난 훈련마당 복습

- 왜 기도 응답의 방해꾼을 제거해야 하는지를 알아야 합니다.
- 기도 응답의 가장 큰 방해꾼은 마귀임을 알아야 합니다.
- 죄, 정욕, 용서치 못함, 의심, 인색함, 불순종, 교만 등이 기도 응답의 방해꾼임을 알아야 합니다.

D3 한 마디

전략적 중보기도자

중보기도는 성령 안에서 그분의 지시를 받아 다른 사람을 위해 기도하는 영적 전쟁으로 일종의 전략을 가지고 있어야 합니다(엡 6:11-18; 마 12:29). 즉 기도를 해도 정보를 수집하고 지속적, 적극적으로 연합하는 전략적 중보기도를 해야 원수의 강력한 진을 파하고 흑암의 권세를 무너뜨릴 수 있습니다. 우리가 사회, 경제, 문화, 언론, 예술, 가정, 교회, 정치, 교육, 과학기술 분야 등 각각의 영역별로 전략적 중보기도를 할 때 사회공동체를 변화시킬 수 있고 하나님 나라를 확장시킬 수 있습니다.

인류 역사상 가장 위대한 전략적 중보기도자는 예수님입니다(롬 8:34). 우리도 예수님처럼 전략적 중보기도자로 살아가야 합니다. 늘 공동체의 영적 파수꾼으로 깨어 있어야 하고(사 62:6,7), 공동체의 잘못을 끌어안고 하나님께 나아가야 합니다(출 32:7-14).

 '중보'란 헬라어로 '메시테스'라 하는데 중개인, 화해자, 조정자란 뜻을 가지고 있습니다. 왜 예수님만이 하나님과 인간을 중보하실 수 있는 유일한 분이실까요?

거룩하신 하나님과 죄인인 인간을 중보하려면 하나님도 되어야 하고 인간도 되어야 합니다. 그런데 오직 예수님만이 신성과 인성을 가지고 계시기 때문에 유일한 중보자가 되실 수 있는 것입니다(딤전 2:5; 히 8:6, 9:15). 오직 예수님만이 하나님과 인간을 중보하실 수 있기 때문에 그분을 통해서만 하나님께 나아갈 수 있습니다(요 14:6).

> **중보기도의 사전적 의미**
> 중보기도의 영어 단어 Intercession에서 Inter는 '사이, 간격'(between)을 의미하고, cession은 '가다'(go)의 의미를 가진 라틴어 cedere에서 파생한 말입니다. 즉 이쪽과 저쪽의 가운데 위치하여 서로를 연결시켜 주는 행위가 중보기도입니다.

• • •

 혹자는 오직 예수님만이 중보자가 되실 수 있기 때문에 우리는 '중보기도'라는 단어를 사용할 수 없다고 주장하며, 아래 말씀을 그 근거로 제시합니다. "하나님은 한 분이시요 또 하나님과 사람 사이에 중보도 한 분이시니 곧 사람이신 그리스도 예수라"(딤전 2:5). 이런 주장에 대하여 어떻게 생각합니까?

AD3 그러나 위 말씀에 근거하여 '중보기도'라는 단어를 사용할 수 없다고 주장하는 것은 합리적이지 못합니다. 왜냐하면 위 말씀은 예수님만이 죄인을 하나님께 인도하실 수 있는 즉 죄 문제를 해결해 주시는 유일한 분이시라는 뜻에서 한 분이라고 말씀하고 있기 때문입니다. 따라서 '대속'의 의미가 아닌 경우는 '중보'라는 단어를 사용해도 전혀 문제가 되지 않습니다.

갈라디아서 3장 19절은 "그런즉 율법은 무엇이냐 범법함을 인하여 더한 것이라 천사들로 말미암아 중보의 손을 빌어 베푸신 것인데 약속하신 자손이 오시기까지 있을 것이라"고 말씀하고 있는데, 여기서 '중보의 손을 빌어 베푸신 것'이라는 말씀은 하나님께서 율법을 이스라엘 백성들에게 직접 주시지 않고 모세를 통하여 주셨다는 것으로 모세가 하나님과 이스라엘 백성들 사이에서 중보자의 역할을 했다는 말씀입니다(신 5:5).

우리도 '대속'의 역할이 아닌 경우는 하나님과 인간의 사이에서 얼마든지 중보의 역할을 할 수 있기 때문에 '중보기도'라는 단어를 사용할 수 있습니다.

 '중보기도'란 중보자 예수님을 의지하여 다른 사람들을 위하여 하나님 앞에 기도하는 것입니다. 왜 우리가 이런 기도를 해야 할까요?

AD3   첫째로, 하나님께서 중보기도를 명령하셨기 때문입니다.
성경은 이곳저곳에서 우리에게 다른 사람을 위하여 기도할 것을 권면하고 있습니다(엡 6:18; 딤전 2:1; 약 5:16).

둘째로, 예수님을 본 받기 위해서입니다.
예수님은 우리의 신앙과 삶의 모범이십니다. 예수님은 중보기도의 삶을 사셨고 지금도 우리를 위해서 기도하시고 계십니다(히 7:25, 참조 롬 8:26-27).

셋째로, 영적전쟁에서 승리하기 위해서입니다.
중보기도는 영적전쟁의 승리를 위해 함께 힘을 모아 기도하는 것입니다. 악한 영들과 영적전쟁에서 이기기 위해서는 반드시 연합전선을 구축해야 합니다.

넷째로, 다른 사람의 운명을 좌우할 수 있기 때문입니다.
아브라함의 조카 롯이 소돔과 고모라의 심판에서 구원 받은 것은 아브라함의 중보기도 때문이었고(창 18:22-33), 하만의 모략으로 위기를 맞은 유대민족이 구출된 것도 에스더의 중보기도 때문이었습니다(에 4:16, 참조 겔 22:30).

다섯째로, 지역복음화와 민족복음화를 위한 최선의 방법이기 때문입니다(합 3:1-2).
지역의 영혼을 놓고 구체적으로 중보기도를 할 때 지역복음화의 문이 열립니다. 따라서 우리는 개인적인 목적보다 지역복음화를 위해 함께 기도해야 합니다.

 성경은 다양한 제목의 중보기도를 소개하고 있습니다. 예를 들면 친족을 위한 기도(창 18:22-33), 나라와 민족을 위한 기도(삼상 7:5-9), 다른 성도를 위한 기도(엡 6:18), 전도와 선교를 위한 기도(골 4:2-3), 복음 사역자를 위한 기도(살후 3:1)등 수없이 많이 있습니다. 이와 같이 중보기도 제목이 다양한 것은 우리에게 무엇을 교훈하는 것일까요?

A^{D3} 우리의 기도가 타자중심적 기도가 되어야 한다는 것입니다. 예수께서 대제사장의 기도(요한복음 17장)에서 타자중심적 기도의 본을 보여주셨듯이 우리의 기도를 자기중심적 기도에서 타자중심적 기도로 바꾸어야 합니다.

종종 사람들이 오랜 시간 기도하라고 하면 기도꺼리가 없다고 말합니다. 그러나 기도를 자기중심적 기도에서 타자중심적 기도로 바꾸면 오히려 기도하는데 시간이 모자란다고 말할 것입니다.

｜목회자 중보기도단

목회자를 위해 더욱 중보기도 해야 할 이유가 있습니다.

첫째로, 마귀의 첫 공격 대상이기 때문입니다. 마귀는 가장 먼저 목회자를 공격합니다. 왜냐하면 지도자를 쓰러뜨리면 그의 공동체에 속한 사람들을 쉽게 넘어뜨릴 수 있기 때문입니다.

둘째로, 목회자의 짐이 너무 크고 무겁기 때문이다. 목회는 영적인 짐입니다. 성경은 '서로 짐을 지라'(갈 6:2)고 말씀하고 있습니다. 평신도가 목회자를 위해 기도할 때 목회의 짐이 가벼워집니다.

셋째로, 하나님께서 특별히 목회자와 성도를 서로 기도하는 관계로 묶어주셨기 때문입니다. 목회자와 성도는 하나님 나라의 확장을 위해 함께 수고하는 동역자이기 때문에 서로 중보기도를 해야 합니다.

 중보기도는 개인적으로 하는 경우와 팀으로 하는 경우가 있습니다. 교회에서 중보기도단을 운영할 경우 어떤 조건들을 갖추는 것이 좋을까요?

 첫째로, 평신도 중보기도 리더가 세워져야 합니다(작은 교회는 담임목회자가 인도함).

리더는 담임목회자의 비전을 공유할 뿐만 아니라 중보기도팀과 비전을 구체적으로 나누며 기도할 수 있어야 합니다. 릭 워렌의 새들백교회나 빌 하이벨스의 윌로우크릭교회가 크게 부흥한 것은 개척초기부터 중보기도자들이 담임목회자의 목회 비전을 품고 기도하였기 때문입니다.

> **평신도 중보기도 리더의 조건**
> - 성령의 인도를 받는 사람이어야 합니다.
> - 담임목사의 목회비전을 공유하고 있어야 합니다.
> - 믿음으로 살아가는 사람이어야 합니다.
> - 중단 없이 기도생활을 하는 사람이어야 합니다.
> - 영적으로 성숙한 사람이어야 합니다.
> - 기도회를 조직하고 이끌 수 있는 리더십이 있어야 합니다.
> - 주님께 시간을 드릴 수 있는 사람이어야 합니다.
>
> 중보기도 팀의 리더는 기도와 말씀과 성령을 강조하는 자가 아니라 말씀과 기도와 성령의 임재와 역사가운데 살아가는 자이어야 합니다.

둘째로, 일정 수의 기도하는 사람들이 있어야 합니다.
중보기도 전문가들은 교회 안에 기도하는 사람들이 최소한 25명은

되어야 한다고 주장합니다. 그러나 두 사람이 합심하여 무엇이든지 구하면 하나님께서 응답하실 뿐만 아니라, 두 세 사람이 주님의 이름으로 모인 곳에는 주님께서 함께 하시겠다고 약속하셨기 때문에(마 18:19-20) 많은 사람보다는 마음을 같이 할 수 있는 사람들이 모이는 것이 더 중요합니다.

셋째로, 구체적이고 지속적인 기도제목을 가지고 있어야 합니다.

한 가지 기도제목을 가지고 집중적으로 기도할 때에 응답이 빠르게 옵니다.

넷째로, 시간과 장소를 정하고 기도해야 합니다.

시간과 장소를 자주 바꾸면 기도에 집중할 수 없습니다. 가능하면 정해진 시간과 장소에서 적어도 1시간 이상은 기도해야 합니다(마 26:40).

> **중보기도단 화합법**
> 첫째로, 자신의 의를 드러내지 말아야 합니다. 보게 하시고 알게 하시고 듣게 하시는 분은 오직 주님이시기에 그분만이 영광을 받으시게 해야 합니다.
> 둘째로, 자기 뜻대로 움직이려고 하지 말아야 합니다. 자기 뜻대로 변화시키려고 하지 말고 주님의 뜻대로 변화되기를 위하여 기도해야 한다.
> 셋째로, 육체의 정욕으로 구하지 말아야 합니다. 정욕을 좇는 곳에는 항상 다툼이 있습니다(약 4:1).
> 넷째로, 영적인 교만을 버려야 합니다. 자신이 다른 사람을 위해서 기도하지만 자신도 다른 사람의 기도를 받아야 된다고 생각해야 합니다. 다른 사람의 기도가 필요 없다고 생각하는 사람은 영적으로 교만한 사람입니다.
> 다섯째로, 단원들끼리 비교의식을 갖지 말아야 합니다. 비교의식은 단원을 하나되지 못하게 합니다.

• • •

Q6. 중보기도를 할 경우 어떤 점에 주의해야 할까요?

 1) 중보기도자는 하나님과 가까이 하면서 다른 사람들을 위하여 하나님 앞에 기도로 나아가는 사람들입니다. 그러므로 중보기도자는 다른 사람들을 중보하기 전에 먼저 자신이 죄 사함을 받았다는 확신이 있어야 합니다.

2) 우리가 조건없이 죄 용서함을 받은 것처럼 중보기도자도 조건없이 다른 사람을 위해 기도해야 합니다.

3) 단순히 개인적으로 변화받고 능력받아 무엇인가를 이루려고 하는 것은 참된 중보기도자의 자세가 아닙니다.

4) 중보기도사역 중 알게 된 비밀스러운 것은 결코 다른 사람에게 말하지 말아야 합니다.

5) 문제를 지적하지 말고 기도제목으로 삼아야 합니다.

6) 기도와 찬양을 하나님의 말씀을 받는 수단으로 생각하지 말아야 합니다.

> **중보기도자의 자세**
>
> 미국의 유명한 방송 설교가인 스와갓 목사가 성적인 타락으로 사람들의 손가락질과 비난을 받을 때에 그의 친구인 버틴 선교사가 이렇게 말했습니다. "지미 스와갓 목사가 그렇게 된 것은 저 때문입니다. 제가 중보하지 못해서 이렇게 되었습니다. 그 자리는 혼자만의 기도로는 버틸 수 있는 자리가 아니

> 었습니다." 그리고 지미 스와갓 목사가 자신의 잘못을 회개하자 버틴은 "자네 보다 더 큰 죄인은 바로 나야 기도하지 않은 내가 죄인일세"라고 말했습니다. 이런 자세야 말로 중보기도자의 바른 자세입니다. 중보기도자는 다른 사람의 잘못을 자신의 잘못으로 고백하며 주님께 나아가는 자입니다.

 다른 사람을 위하여 기도한다는 것은 결코 쉬운 일이 아닙니다. 그러나 중보하면 하나님께서 예비하신 복을 받을 수 있습니다. 어떤 복을 받게 될까요?

 첫째로, 중보기도를 하는 사람은 많은 시간 기도를 하기 때문에 하나님을 더욱 가까이 하는 복을 받습니다(시 73:28).

둘째로, 중보기도자는 다른 사람을 긍휼히 여기는 마음이 있기 때문에 하나님께 긍휼히 여김을 받습니다(마 5:7).

셋째로, 중보기도는 하나님과 화평케 하는 사역이기 때문에 하나님의 아들이라고 일컬음을 받게 됩니다(마 5:9).

넷째로, 중보기도는 '이웃 사랑'의 계명을 실천하는 것이기 때문에 하나님의 사랑 안에 거하게 됩니다(요 15:10).

다섯째로, 중보기도자는 기도의 응답을 받아 기쁨이 충만한 삶을 살 수 있습니다(요 16:24).

 중보기도를 팀으로 하는 경우는 리더가 모임을 어떻게 인도하느냐에 따라 다른 결과가 주어집니다. 어떻게 하면 성령께서 함께 하시는 기도회를 인도할 수 있을까요?

- 전체 모임은 2시간 정도로 합니다.
- 리더의 인도에 따라 성령과 보혈에 관한 찬양을 약 25분간 합니다. 반주자를 세우면 더욱 좋습니다. 찬양가운데 성령의 임재가 강하게 나타나게 해야 합니다(시 22:3).
- 찬양 후 마무리 기도를 하고 곧 바로 20분간 말씀을 읽습니다. 말씀을 읽을 때에는 여러 가지 방법을 사용할 수 있습니다(예, 구절윤독, 마디윤독, 장윤독, 단체묵독, 단체합독 등). 읽은 후에는 그날 읽은 말씀 가운데 은혜받은 것을 나누게 합니다.
- 말씀을 읽은 후 잠시 쉬었다가 중보기도에 들어가며 리더는 중보기도자들이 지루하지 않게 인도해야 합니다.
- 중보기도를 하기 전 예수 그리스도의 이름으로 원수 마귀를 결박하는 명령기도를 합니다(엡 6:11).
- 제목 당 기도하는 시간은 5분 정도로 하고 제목마다 끝난 후 성령의 인도하심을 따라 찬양해도 됩니다(제목: 성령의 임재, 담임목사와 사역자, 교회의 계획과 행사, 고난당하는 성도, 지역복음화, 나라와 민족 등)
- 기도 중 하나님의 음성을 들은 자가 있으면 발표하도록 합니다.
- 맨 마지막 10분은 중보기도자들의 개인적인 기도제목을 내놓고 합심 기도합니다.

• 중보기도단 주제 찬송을 부르고 주기도로 마칩니다.

사역자와 중보자

19세기 미국을 뒤흔든 찰스 피니목사는 1830년 뉴욕주 로체스터에서 그 도시 전 인구의 10퍼센트인 1천명을 불과 몇 달 만에 구원하였는데, 이 역사는 찰스 피니의 중보자 아벨 클레리(Abel Clary)의 중보기도 때문이었다. 피니 목사는 이에 대해 이렇게 기록했다. "클레리씨는 나의 모든 집회를 위해 기도했다. 내가 집회 장소를 떠난 후에도 남아서 기도했다. 그는 사람들 앞에 나타난 적이 한 번도 없었으나 그는 전 삶을 다 바쳐 나를 위해 기도했다."

우리가 잘 아는 무디도 마리안 아드라르드(Marianne Adlard)라는 중보자가 있었다. 장애로 인해 침대에 누워 살아야했던 마리안은 시카고에서 무디가 놀라운 부흥의 역사를 일으키고 있다는 소식을 듣고 런던에 있는 그녀의 교회로 무디를 보내달라고 기도했다. 결국 무디는 1872년 영국 런던에 와서 단 10일 동안 4백 명을 회심시켰다. 그 기간 동안 런던에 사는 마리안이 뒤에서 중보기도를 드렸음은 물론이다.

영적 지도자가 목사이든 평신도이든 최전방에서 싸우는 하나님의 종에게는 반드시 중보기도로 헌신하는 후방의 기도 동역자들이 있어야 한다. 그런 점에서 사역자와 중보자는 하나임에 틀림없다.

제 7 훈련마당
방언과 금식기도

훈련목표
방언기도와 금식기도의 유익성을 깨닫게 하고
주님과의 깊은 교제와 성령의 능력을 체험토록 한다.

지난 훈련마당 복습

- 왜 예수님만이 하나님과 인간을 중보하실 수 있는 분이신지를 알아야 합니다.
- 우리도 '중보기도'라는 단어를 사용할 수 있습니다.
- 우리가 중보기도를 해야 하는 이유를 알아야 합니다.
- 중보기도자의 자세가 어떠해야 하는지를 알아야 합니다.
- 중보기도단의 모임을 인도할 때에 주의 사항을 알아야 합니다.
- 중보기도자에게 주어지는 축복이 무엇인지를 알아야 합니다.
- 중보기도단을 은혜스럽게 인도하는 법을 알아야 합니다.

D3 한 마디

강력한 기도

  초대교회의 한 교부가 이렇게 말했습니다. "도둑이 어떤 집에 살그머니 들어가 물건을 훔치려다가 집안에서 말소리가 나면 감히 그 집에 넘어 들어가지 못한다. 마찬가지로 우리의 대적이 우리의 영혼을 훔치려고 숨어들다가도 기도소리가 솟아나는 것을 들으면 무서워서 감히 들어오지 못한다."

  그렇습니다. 깨어 기도하는 자 앞에서 사단은 속수무책일 수밖에 없습니다. 더군다나 금식과 방언으로 기도하면 마귀는 초전에 박살날 것입니다. 금식과 방언은 영적 전쟁의 강력한 무기입니다.

방언기도훈련

하나님께서 교회에 영적 은사로 방언을 주셨지만, 사람(교단과 신학자)에 따라 방언에 대한 이해가 다릅니다. 방언을 긍정적으로 생각하는 사람들이 있는가 하면, 부정적으로 생각하는 사람들이 있습니다. 당신은 방언을 어떻게 이해하고 있습니까?

―――――――――――――――――――――――――――――

―――――――――――――――――――――――――――――

―――――――――――――――――――――――――――――

방언이 하나님께서 교회에 주신 영적 은사이지만, 이를 부정적으로 생각하는 데에는 몇 가지 이유가 있습니다.

1) 고린도전서 13장 8-10절을 근거로 오늘날에는 방언이 끝났다고 주장합니다. "사랑은 언제까지든지 떨어지지 아니하나 예언도 폐하고 방언도 그치고 지식도 폐하리라 우리가 부분적으로 알고 부분적으로 예언하니 온전한 것이 올 때에는 부분적으로 하던 것이 폐하리라." 방언을 부정적으로 주장하는 사람들은 본문에서 '온전한 것' 을 '성경' 이라고 해석하고, 이미 성경이 만들어졌기 때문에 지금은 방언이 필요 없다고 주장합니다. 그러나 여기서 '온전한 것' 을 '성경' 으로 해석하는 것은 억측입니다. 그렇게 해석할만한 근거가 전혀 없습니다. 문맥상 '내세가 온전히 드러나는 때' 로 해석하는 것이 훨씬 자연스럽습니다.

2) 알아듣지도 못하는 말을 왜 하느냐며 방언의 필요성을 부정합니다. 그러나 방언은 자기의 비밀을 하나님께 영으로 말하는 것이기 때문에 우리가 알아듣지 못하는 것이 오히려 당연한 것입니다(고전 14:2).

3) 방언이 교회에 덕을 세우지 못하기 때문에 불필요하다고 주장합니다. 물론 방언 때문에 고린도교회에도 문제가 있었습니다. 그러나 바울은 고린도교회에 방언의 사용법을 가르쳐주면서 금하지 말고 오히려 적당히 하라고 권면했습니다(고전 14:39-40).

아무리 좋은 것이라도 사용하는 사람이 누구냐에 따라 전혀 다릅니다. 예를 들면 칼이 주부의 손에 들려지면 맛있는 음식을 만드는 데 유용하지만, 강도의 손에 들려지면 인명에 치명적입니다. 후자의 경우만 생각하여 모든 칼의 무용성을 주장하는 것은 어리석은 것입니다(잠 14:4).

> **방언은 유익한 은사**
>
> 아직도 방언을 부정적으로 생각하고 있다면 한 가지 더 생각해 보아야 할 것이 있습니다. 현재 교파를 떠나 세계적으로 수많은 그리스도인들이 방언을 하는데 이런 현상을 어떻게 설명할 수 있겠느냐는 것입니다. 그들의 방언을 모두 잘못된 것이라고 말하겠습니까?
> 방언은 하나님께서 성도들의 유익을 위하여 주신 선물입니다(고전 12:7). 하나님께서 우리에게 필요해서 주신 은사를 자신이 이해하지 못한다고 거부해서는 안 됩니다. 우리는 방언의 은사를 사모해야 하고(고전 14:1), 교회와 개인의 영적생활에 유익하게 사용해야 합니다.

• • •

 방언을 하나님께서 교회에 주신 영적인 은사로 이해하고 있지만, 개인적으로 은밀하게 사용해야만 하고 교회 안에서 공개적으로 사용해서는 안 된다고 주장하는 사람들이 있습니다. 이런 주장에 대하여 당신은 어떻게 생각하십니까?

교회에서의 방언을 부정적으로 생각하는 사람들은 고린도전서 14장 27-28절(참, 고전 14:19)을 그 근거로 제시합니다. 그러나 이 말씀을 근거로 교회에서 방언하는 것을 금해서는 안 됩니다.

방언은 신약 성경에 세 가지 형태로 나타납니다.

첫째로 사람들이 알아들을 수 있는 방언입니다(행 2:1-12).

이것을 대인방언이라 부르기도 합니다.

둘째로 영으로 비밀을 하나님께 아뢰는 방언입니다(고전 14:1-2).

우리가 흔히 기도할 때 사용하는 방언입니다. 이것을 대신방언이라 부르기도 합니다.

셋째로 방언 통역을 통하여 하나님의 말씀을 대언하는 방언입니다.

그런데 교회에서는 잠잠하고 자신과 하나님께 말하라고 한 것은 두 번째의 방언을 말하는 것이 아니라, 세 번째의 방언을 말하는 것입니다. 즉 방언의 통역으로 하나님의 말씀을 대언할 경우 방언을 통역하는 자가 없을 때에는 교회에서 잠잠하라는 것입니다(고전 14:27-28). 따라서 이런 상황이 아닌 경우는 얼마든지 교회에서 방언 기도를 할 수 있습니다.

• • •

 방언 은사에 대하여는 아직도 찬반의 논쟁이 있습니다. 그러나 방언 은사는 받는 것이 좋습니다. 왜 그럴까요?

A^{D3} 1) 주님의 명령이기 때문입니다.

성경은 방언을 금하지 말고 적당하게 하라고 말씀하고 있습니다(고전 14:39-40). 주님께서 '금하지 말고 적당하게 하라' 고 하신 것을 금하는 것은 하나님의 명령에 불순종하는 것입니다.

2) 구원 받은 자에게 따르는 표적 중 하나이기 때문입니다.

마가복음 16장 17절은 방언을 예수님을 믿어 구원 얻은 자에게 따르는 표적 중의 하나로 소개하고 있습니다.

3) 성령을 받은 증거가 될 수도 있기 때문입니다.

성경은 성령이 임하신 증거로 방언을 했다고 말씀하고 있습니다(행 10:44-48). 그러나 방언은 영적인 은사 중 하나에 불과하기 때문에 방언의 은사를 받지 못했어도 성령을 받지 못했다고 주장하면 안 됩니다.

4) 우리에게 유익하기 때문입니다.

성경은 "각 사람에게 성령의 나타남을 주심은 유익하게 하려 하심이라."(고전 12:7)고 말씀하고 있습니다. 방언의 은사를 받으면 어떤 유익이 있을까요? 영적인 체험을 통하여 믿음이 성장하고, 오랜 시간 주님과 교제할 수 있고, 주님과 깊은 교제를 통하여 영적인 부요를 맛볼 수 있는 등 많은 유익이 있습니다.

│ 방언의 정체

혹자는 방언을 구원받은 외적 증거라고 주장합니다. 그러나 그렇게 말하는 것은 비성경적입니다. 방언은 구원받은 모든 그리스도인이 해야 하는 것이 아닙니다. 왜냐하면 방언은 단지 성도의 유익을 위하여 하나님께서 각 사람에게 나눠주시는 영적인 은사가운데 하나에 불과하기 때문입니다. 따라서 방언을 너무 우상시 하면 안 됩니다. 또한 방언이 구원의 외적 증거가 아니라고 해서 무시해서도 안 됩니다. 방언은 영적인 은사 중 하나입니다. 그 이하도 그 이상도 아닙니다.

 방언은 하나님께서 주신 영적인 은사이기 때문에 지혜롭게 사용해야 합니다. 어떻게 사용해야 할까요?

 첫째로, 방언 은사 받은 것을 자랑하거나 과시할 목적으로 사용하면 안 됩니다.

둘째로, 교회의 덕을 세우기 위해 사용해야 합니다(고전 14:26).

셋째로, 절제해야 합니다(고전 14:40). 다른 사람이 듣기에 혐오스러운 소리를 내거나, 다른 사람의 기도를 방해할 정도로 크게 기도하는 것은 바람직하지 않습니다.

> **방언 이해 도우미**
> 사적인 방언기도는 영으로 자기의 비밀을 하나님께 아뢰는 것이기 때문에 자신도 무엇을 구했는지 알지 못합니다. 그래서 방언으로만 기도하면 마음의 허전함을 느낄 수도 있습니다. 이런 문제를 어떻게 해결할 수 있을까요?
> 바울은 이런 문제를 해결하기 위해 '영으로 기도하고 마음으로 기도하라'(고전 14:14-15)고 권면하고 있습니다. 이 말은 방언으로도 기도하고, 우리가 무엇을 기도했는지 알 수 있는 기도도 하라는 말씀입니다.
> 어떻게 하면 이와 같이 기도할 수 있을까요? 세 가지 방법이 있습니다.
> 첫째는, 방언기도와 우리말 기도를 각각 따로 하는 것입니다.
> 둘째는, 방언기도와 우리말 기도를 교대로 하는 것입니다.
> 셋째는, 방언으로 기도할 때 마음으로는 자신이 구하고 싶은 것을 구하는 것입니다.
> 주의해야 할 것은 두 번째 방법으로 기도하는 것을 방언 통변이라고 생각

하면 안 된다는 것입니다. 방언 통변은 우리가 알지 못하는 방언의 내용을 성령의 능력으로 알게 하는 것입니다.

• • •

 방언 은사는 신앙생활에 매우 유익하기 때문에 받는 것이 좋습니다. 어떻게 하면 이 은사를 받을 수 있을까요?

---

 1) 방언 은사를 사모해야 합니다(고전 14:1). 하나님은 사모하는 영혼을 만족하게 하십니다(시 107:9).

2) 철저히 회개해야 합니다(행 2:38). 성령은 거룩한 영이시기 때문에 성령의 선물을 받기 전 회개해야 합니다.

3) 방언 은사를 받을 때까지 기도해야 합니다. 방언은 하나님의 선물이기 때문에 그분께서 주실 때까지 기다려야 합니다.

금식기도훈련

 성경에는 금식에 대한 이야기가 자주 등장합니다. 경건한 유대인들은 일 년에 한 번씩 속죄일에 금식했고(레 16:29-34), 일 년에 4번(4, 5, 7, 10월) 국민적인 금식을 했고(슥 8:19), 예수

님은 공생애를 시작하시기 전 광야에서 40일을 금식하셨고(마 4:1-2), 바리새인들은 적어도 일주일에 두 번씩 금식했고(눅 18:12), 초대교회도 금식을 했습니다(행 13:2). 성경에 자주 금식이 언급되고 있는 것은 금식이 신앙생활에 차지하는 비중이 크기 때문입니다. 당신의 신앙생활에서 금식이 차지하는 비중은 어느 정도입니까?

_____

_____

_____

 성경의 인물들은 금식을 중요하게 여겼지만 현대인들은 금식을 선호하지 않습니다. 강단에서조차도 금식에 관한 외침이 사라진지 오래입니다.

  그러나 신앙생활에 금식은 매우 중요합니다. 금식이 신앙생활에 유익하지 않다면 성경에 나오는 인물들이 금식하지 않았을 것입니다. 금식함으로 오는 유익이 크기 때문에 우리는 금식하는 습관을 가져야 합니다.

> **금식과 친교**
>   현대인들은 금식보다는 친교를 위한 식탁을 강조합니다. 그러나 친교의 떡을 떼는 것은 인간의 사이를 가까이 하는 데에 도움을 주지만 금식은 하나님과의 사이를 가까이 하는 데에 도움을 준다는 사실을 알아야 합니다. 따라서 식탁을 통한 성도들 간의 교제만 힘쓰지 말고 금식을 통하여 하나님과의 교제에도 신경을 써야 합니다.
>   그러나 금식을 해도 인간 중심의 금식은 하나님과의 관계에 영향을 미치지 못합니다. 성령의 인도하심을 따라 금식해야 하나님과의 관계를 바르게 할 수 있습니다.

 사람마다 금식하는 이유와 목적이 다릅니다(참조, 마 9:14-15). 그러나 누구나 금식에 대하여 동일한 생각을 가져야 할 것이 있습니다. 그것은 무엇일까요?

AD3 금식은 구원과는 무관하다는 생각입니다. 금식은 구원받은 그리스도인이 하나님께 더욱 더 가까이 가는 영적 훈련의 일부에 불과할 뿐입니다. 기독교는 율법 종교가 아니기 때문에 금식을 구원의 조건으로 이해해서는 안 됩니다(딤전 4:3).

또한 금식을 한다고 금식하지 못하는 사람을 무시하면 안 됩니다. 금식하는 사람도 주님을 위하여 하고, 금식하지 않는 사람도 주님을 위하여 하지 않는 것입니다(골 2:16).

• • •

Q3 혹자가 예수님께 찾아와 요한의 제자들과 바리새인의 제자들은 금식하는데 어찌하여 당신의 제자들은 금식하지 않느냐고 묻자 "혼인집 손님들이 신랑과 함께 있을 때에 금식할 수 있느냐 신랑과 함께 있을 동안에는 금식할 수 없나니 그러나 신랑을 빼앗길 날이 이르리니 그날에는 금식할 것이니라"(막 2:19,20)고 말씀하셨습니다. 이 말씀은 금식할 때가 있고 금식하지 않을 때가 있다는 말입니다. 어느 때에 금식해야 할까요?

첫째로, 하나님 앞에 철저히 회개할 때입니다.

성경에는 회개할 때 금식한 기록이 여러 번 있습니다(삿 20:26; 삼상 7:6; 느 9:1). 이스라엘 백성들은 7월 10일, 즉 대속죄일에 전 국민이 함께 금식하며 기도했습니다. 모세는 이스라엘 백성이 우상숭배를 한 후에 그들의 죄가 용서받도록 기도할 때에 금식을 했습니다. 말씀을 읽다 죄를 깨닫거나, 또 그 죄를 회개할 필요가 있을 때, 그리고 그 죄를 끊어야 하는데 끊을 힘이 없을 때 금식하며 성령의 능력을 구해야 합니다.

둘째로, 중대한 문제를 만났을 때입니다.

다니엘은 삼베옷을 입고 단식하면서 국가의 운명을 위해 하나님께 기도했습니다(단 9:3; 스 8:21). 성도들은 개인적으로, 가정적으로, 교회적으로, 국가적으로 중대한 문제를 만났을 때에 금식할 필요가 있습니다.

셋째로, 주께서 맡기신 사역을 잘 감당하기 위해서입니다.

예수님도, 모세도, 엘리야도 사역과 관련하여 40일간 금식했습니다. 안디옥교회의 지도자들도 금식하며 교회를 섬겼습니다(행 13:2-3). 우리도 주님께서 맡기신 사역을 잘 감당하기 위하여 때로는 금식할 필요가 있습니다(마 17:17 난하주).

넷째로, 성령께서 금식을 명령하실 때입니다.

성령께서 친히 강권적으로 금식을 명령하실 때가 있습니다(욜 2:12). 다양한 방법으로 금식하라고 명령하시기 때문에 성령의 지시에 민감하게 반응해야 합니다.

• • •

 금식이 구원의 조건은 아니지만 금식하면 신앙생활에 많은 유익을 줍니다. 어떤 유익이 있을까요?

제 7 훈련마당 방언과 금식기도 | 95

A D3 크게 두 가지 유익이 있습니다.

하나는, 영적인 유익입니다. 금식은 기도의 응답을 속히 가져오게 하고 성령을 의지하게 하여 능력을 받고 하나님의 살아계심을 체험하므로 믿음을 자라게 합니다(사 58:6-9).

다른 하나는, 육체적인 유익입니다. 육신도 과식이나 무절제한 음식섭취로부터 휴식을 필요로 하는데 금식을 통하여 쉼을 가지게 되어 몸이 건강하게 됩니다. 또한 금식이 시작되면 동화작용이 멈추면서 노폐물의 배출이 촉진되어 자연스럽게 몸을 건강하게 합니다. 어떤 경우는 금식을 통하여 질병이 고침받기도 합니다(어떤 동물들은 병들었을 때 본능적으로 절식으로 들어가 자가 치료를 하기도 합니다).

・・・

Q5 금식은 하나님을 기쁘시게 하고 우리에게 많은 유익을 주지만 금식할 때에는 주의해야 사항들이 있습니다. 어떤 점에 주의해야 할까요?

1) 그릇된 동기로 금식하면 안 됩니다.

금식은 하나님 앞에 자신의 신앙을 고백하는 것입니다(마 6:18). 따라서 사람에게 자신의 신앙을 잘 보이기 위해 금식하는 것은 바른 자세가 아닙니다. 예수님은 이렇게 외식하는 바리새인들을 책망하셨습니다(마 6:16). 금식은 바른 동기와 자세로 해야 합니다.

2) 금식을 종교행사로 생각하면 안 됩니다.

금식은 종교적인 행사가 아니라 영적인 예배입니다(요 4:24). 금식을 통하여 하나님께 더 가까이 나아가는 것입니다. 금식을 종교적 행위로 생각할 때에 사람에게 보일 생각을 하게 되고, 형식적으로 하게 되는 것입니다.

3) 금식을 너무 과신하면 안 됩니다.

혹자는 금식기도 자체를 하나의 공덕이나 신비적 효험을 가져다주는 행위로 생각하기도 합니다. 즉 금식기도를 하면 하나님이 꼼짝 못해서 손을 든다고 생각합니다. 그러나 이런 생각은 잘못된 것입니다.

4) 삶이 없는 금식은 안 됩니다.

하나님이 기뻐하시는 금식을 하기 위해서는 하나님이 기뻐하시는 삶을 살아야 합니다. 삶이 없는 금식은 무의미합니다(사 58:3-4). 즉 억울하게 묶인 자를 자유케 하며, 굶주리고 헐벗은 이웃을 도와주고, 어려운 일을 당한 골육을 도와주는 삶을 살아야 합니다(사 58:6-7).

5) 마귀의 시험을 이겨야 합니다.

인간에게 먹는 것보다 더 큰 욕망이 없기 때문에 금식을 한다는 것은 결코 쉬운 것이 아닙니다. 마귀는 먹고 싶은 본능을 자극하고 금식 후 하찮은 일로 혈기를 내게 합니다. 금식 전후 찾아오는 모든 시험을 이겨야 합니다.

금식기도 훈련의 필요성

존 웨슬리(John Wesley)는 "당신이 기도와 함께 금식으로 하나님을 찾을 때 그 일은 헛되지 않을 것이다"라고 하여 금식의 중요성을 역설했습니다. 그는 자랄 때부터 어머니 수산나로부터 철저한 기도훈련을 받았습니다. 그리고 옥스포드 대학시절 신성클럽(Holy Club) 회원으로서 회원들과 함께 기도와 금식을 계속했습니다. 이러한 기도훈련은 그의 추종자들로 하여금 금요일을 금식일로 지키도록 만들었습니다.

왜 그가 기도훈련을 받고 지속적으로 금식기도를 했을까요? 그것은 날마다 살아나는 옛 성품 때문입니다. 예수를 믿는 순간 죄와 사망의 결박에서 풀려나지만 완전한 자유를 소유하게 된 것은 아닙니다. 아직도 악을 촉발하는 불씨가 남아있어 그것들과 계속 싸우지 않으면 안 됩니다. 이 싸움에서 승리하기 위해서 자신을 죽이고 부인하지 않으면 안 됩니다(갈 5:24). 육성을 죽이고 성령의 충만을 받기 위해 금식기도보다 더 좋은 방법은 없습니다.

• • •

 성경에는 다양한 금식기간이 소개되고 있습니다. 40일(예수님-마 4:1-2, 모세-출 34:28; 신 9:9, 엘리야-왕상 19:8), 21일(다니엘-단 10:2-3) 7일(길르앗 야베스거민들-삼상 31:11-13), 3일(에스더와 유대인들-에 4:16), 하루(속죄일 금식-레 23:27, 사무엘과 백성들- 삼상 7:6) 반일(다윗-삼하 1:12)등이 있습니다. 이와 같이 금식기간이 다양한 것은 무엇을 의미할까요?

 금식 기간은 정해져 있는 것이 아니라 성령의 감동에 따라 주님이 원하시는 기간을 금식해야 한다는 것입니다. 금식은 기간이

중요한 것이 아닙니다. 성령의 음성에 순종하는 것이 더 중요합니다.

물론 기도의 응답을 받기위해 일정 기간을 정하고 금식할 수도 있습니다. 그러나 그럴 경우도 성령의 인도하심을 따라 금식해야 합니다.

존 웨슬리의 기도 흔적

한 유명한 목사가 영국을 여행하던 중 감리교 창시자인 웨슬리 선생의 고택과 집무실을 둘러보게 되었습니다. 평소에 기도하던 기도실로 들어간 그는 마룻바닥에 쥐구멍 같은 구멍이 두 개 나 있는 것을 발견하고 그 곳 안내자에게 물었습니다.

"저것은 무슨 구멍입니까?"
"목사님 생각에는 무슨 구멍 같으세요?"
"글쎄요, 모르겠는데요. 혹시 쥐구멍이 아닌가요?"
"천만에요. 저것은 웨슬리의 기도의 흔적입니다."

얼마나 기도를 열심히 했던지 웨슬리가 무릎을 꿇고 기도한 그 마룻바닥에는 무릎 자국이 쥐구멍처럼 뚫려 있었던 것입니다.

요한 웨슬리는 새벽 4시에 일어나 두 시간씩 기도하고 수요일과 금요일에는 규칙적으로 금식기도를 했습니다. 그를 지켜본 사람들은 이렇게 말했습니다.

"그는 다른 모든 사람보다 기도를 중요시했습니다. 그리고 그가 모든 빛을 띤 청명한 얼굴로 기도실에서 나오는 것을 종종 보았습니다."

제 8 훈련마당
대적기도

훈련목표
대적기도의 방법과 실제를 익히게 함으로
영적 전쟁을 실감케 하는
역동적인 기도를 하게 한다.

지난 훈련마당 복습

- 방언과 금식에 대한 성경적인 바른 지식을 가지고 있어야 합니다.
- 방언과 금식은 구원의 조건이 아님을 알아야 합니다.
- 방언과 금식이 신앙생활에 어떤 유익이 있는지 알아야 합니다.
- 방언과 금식시 어떤 점에 주의해야 하는지 알아야 합니다.

D3 한 마디

구체적인 기도와 영적전쟁

　미국 콜로라도 스프링스는 얼마 전까지만 해도 '목회자들의 무덤'이라 일컫는 곳이었다. 처음 테드 해거드 목사가 이곳에 갔을 때는, 칼로 찌르려는 사람이 있는가 하면 밤마다 협박전화가 걸려오기도 했다고 한다. 사탄숭배자들이 들끓어 죽은 개나 고양이의 머리를 소포로 부쳐오기도 했다.
　그러나 테드 해거드는 물러서지 않고 영적 전쟁을 벌였다. 구체적인 기도의 싸움을 벌였다. 전화번호부를 5명 단위로 오려 그 이름을 불러가며 그 사람들을 변화시켜달라고 기도했다. 부동산 매물이 나오면, 믿는 사람이 주인이 되게 해달라고 기도했다. 또한 미국의 많은 선교단체가 이곳으로 이사 오도록 지속적으로 기도했다. 결과적으로 지금은 콜로라도 스프링스에는 많은 선교단체의 본부가 들어오게 되었다.
　이렇듯 구체적인 기도는 항상 강력한 힘을 발휘한다. 하나님은 모호한 기도에는 모호하게 응답하시고 구체적인 기도에는 구체적으로 응답하신다. 마귀와의 영적전쟁에서 승리하기 위해서는 모호하게 기도하면 안 된다. 구체적으로 기도해야 마귀와의 싸움에서 승리할 수 있다.

 아담의 범죄 후 세상은 마귀의 통치로 넘어갔습니다. 그래서 마귀가 이 세상의 주인이 되었고 합법적으로 인간을 지배하고 공격할 수 있게 되었습니다. 그래서 성경은 마귀를 '어두움의 세상 주관자'(엡 6:12)라고 말씀하고 있는 것입니다. 그런데 언제부터 마귀가 불법적인 존재가 되었을까요?

 예수께서 십자가에 죽으시고 부활하심으로 죄 문제를 완벽하게 해결해주신 후 부터 입니다(골 2:15). 즉 예수께서 십자가에 죽으심으로 죄 값을 치루어 주셨기 때문에 더 이상 마귀는 우리를 합법적으로 지배할 수 없게 되었습니다.

 성경은 "그런즉 너희는 하나님께 순복할지어다 마귀를 대적하라 그리하면 너희를 피하리라"(약 4:7, 참조 엡 6:11)고 말씀하고 있습니다. 우리가 어떻게 마귀를 대적할 수 있을까요?

 예수께서 자신을 십자가에 내어주시기 전 까지는 우리가 마귀를 합법적으로 대적할 수가 없었습니다. 그래서 사탄이 욥을 공

격했지만 욥은 하나님께만 호소했지 직접 주의 이름과 권세를 사용하여 마귀를 대적하지 못했습니다. 모세도 다윗도 마찬가지입니다.

그러나 예수께서 친히 귀신을 쫓아내시고 이 사역을 제자들과 그리스도인들에게 맡기셨기 때문에(눅 10:19; 참조, 마 10:1; 막 16:17) 우리도 마귀를 대적할 수 있습니다. 따라서 기도할 때에 하나님께 간구만 해서는 안 됩니다. 대적 기도를 해야 합니다.

참으로 안타까운 사실은 모든 그리스도인들이 마귀를 대적하는 기도를 할 수 있음에도 불구하고 구약시대의 사람들처럼 하나님께 울부짖는 기도만 하고 있다는 것입니다. 우리에게 고통을 주고 우리의 삶을 파괴하는 존재는 하나님이 아닙니다. 따라서 각종 불행을 만났을 때에 하나님께 간구만 하지 말고 마귀를 대적하는 기도를 해야 합니다.

• • •

Q3 혹자는 귀신(마귀)가 믿는 자 속에는 들어갈 수 없다고 합니다. 그러나 그렇지 않습니다. 육신을 가진 이상 누구에게나 들어갈 수 있습니다. 따라서 우리는 마귀의 공격 방법에 대하여 알고 있어야 합니다. 악한 영이 어떤 경로를 통하여 우리 안에 들어올까요?

A D3 악한 영들 즉 귀신은 영적인 존재이기 때문에 육체의 법칙에 따라 움직이지 않고 영의 법칙을 따라 움직입니다. 영은 생각과 마음을 통하여 일합니다. 악한 영들은 먼저 사람의 생각과 마음을 사로잡은 다음 그가 원하는대로 사람을 움직입니다.

가룟 유다가 예수를 팔아 넘겨준 것은 마귀가 먼저 가룟 유다의 마음에 예수를 팔려는 생각을 넣었기 때문이고(요 13:2), 아나니아와 삽비라가 성령을 속이고 거짓으로 헌금을 하였던 것도 그들의 마음속에 사단이 가득했기 때문입니다(행 5:3).

• • •

 마귀가 온 것은 우리를 죽이고 멸망시키기 위해서 왔습니다(요 10:10). 악한 마귀는 강도이며 도둑이기 때문에 그리스도인의 삶에 은밀하게 개입하여 많은 고통과 불행을 가져다줍니다. 그렇기 때문에 마귀가 우리 안에 발을 붙이지 못하게 해야 합니다. 어떻게 하면 그렇게 할 수 있을까요?

 '생각의 단계'에서부터 마귀의 유혹을 즉시 물리쳐야 합니다. 마귀의 생각을 받아들이면 그가 시키는 대로 움직일 수밖에 없기 때문에 반드시 초전에 물리쳐야 합니다. 그렇지 않으면 마귀가 시키는 대로 종노릇 하다가 결국은 멸망에 이르게 됩니다(요 10:10; 롬 8:6).

• • •

 믿는 자들에게는 마귀를 대적할 수 있는 권세를 주셨습니다. 그 권세를 어떻게 사용하면 될까요?

A 예수의 이름으로 귀신에게 나가라고 명령하면 됩니다. 예를 들어 모기가 방안에서 날아다니면서 귀찮게 여기저기를 문다고 합시다. "주님! 모기 때문에 살지 못하겠습니다. 모기를 죽여주세요"라고 기도하지 않고 바로 그 자리에서 일어나 죽일 것입니다.

마찬가지입니다. 우리가 마귀를 대적할 때에 "주님, 귀신이 무섭습니다. 귀신을 쫓아주세요"라고 하지 말고, "예수의 이름으로 명령한다. 나에게 ○○생각(마음)을 주는 악한 영은 떠나갈지어다."라고 명령하여 즉시 쫓아내면 됩니다.

다음과 같은 상황을 만나면 마귀가 배후에서 역사한다는 사실을 알고 예수의 이름으로 즉시 물리치기 바랍니다.

- 분노가 치밀어 오를 때(분을 품지 말라 하셨습니다/엡 4:26-27)
- 죽어도 용서가 안 될 때(서로 용서하라고 하셨습니다/엡 4:32)
- 두렵다는 생각이 들 때(두려운 마음은 하나님이 주시는 마음이 아닙니다/딤후 1:7)
- 무기력감이 올 때(능력주시는 자 안에서 우리가 무엇이든지 할 수 있다고 약속하셨습니다/빌 4:13)
- 억울한 생각이 들 때(범사에 감사하라고 하셨습니다/살전 5:18)
- 외롭다는 생각이 들 때(세상 끝 날까지 항상 함께 하신다고 약속하셨습니다/마 28:20)
- 보기만 해도 싫은 사람이 있을 때(원수를 사랑하라고 하셨습니다/마 5:46)

- 과거의 죄로 괴롭힘을 당할 때(회개하는 모든 죄는 다 사함을 받습니다/사 43:25)
- 갑자기 아플 때(귀신과 관련된 질병이 있을 수도 있기 때문입니다/마 8:16)
- 죄책감이 들 때(정죄는 마귀가 하는 것입니다. 주님은 우리를 의롭다 하셨습니다/롬 8:33-34)
- 자신의 이익을 위해 거짓말을 하려고 할 때(거짓의 배후에는 마귀가 있습니다/요 8:44-45)
- 마땅히 해야 할 일을 하기 싫을 때(게으름은 마귀가 주는 마음입니다/딛 1:12)
- 더러운 생각이 들 때(예수께서 귀신을 칭하실 때에는 '더러운' 이라는 수식어를 사용하셨습니다/막 5:13)
- 자녀들이 반항할 때(마귀는 천사가 하나님께 반항하여 타락한 자입니다/삼상 15:23)
- 지나친 욕심이 생길 때(지나친 식욕, 사람에 대한 지배욕의 배후에는 마귀가 역사합니다/약 3:15)
- 시기와 질투하는 마음이 생길 때(시기와 질투는 마귀가 주는 마음입니다/약 3:14-15)
- 악한 습관(악한 습관은 마귀가 주는 습관입니다/렘 22:21)
- 만성질병(귀신이 만성 질병을 가져다 줄 수도 있습니다/마 17:18)

 대적기도의 상대는 마귀(귀신)입니다. 그런데 마귀가 사람의 생각 속에 역사하고 대적기도를 받는 상대가 사람이기 때문에 자못 상대방이 마귀(귀신)이라는 인상을 주기 쉽습니다. 어떻게 기

도해야 상대방의 기분을 상하지 않게 할 수 있을까요?

A^{D3} 상대방이 마귀(귀신)인 것처럼 느끼지 않도록 특별히 주의를 해야 합니다. 대적기도를 할 때에는 다음의 형식으로 기도하는 것이 좋습니다. "○○안에서 역사하는 악한 영은 떠나갈지어다." 경우에 따라서는 상대방이 대적기도를 듣지 못하도록 마음속으로 해도 됩니다 (참조, 느 2:4-5).

• • •

한 번의 대적기도로 끝났다고 생각하면 안 됩니다. 귀신은 틈만 나면 다시 공격하기 때문에(벧전 5:8; 눅 4:13) 항상 마귀의 공격에 대비해야 합니다. 어떻게 하면 지속적인 마귀의 공격을 물리칠 수 있을까요?

A^{D3} 사도 바울은 우리의 싸움은 혈과 육에 대한 싸움이 아니고 악한 영들과의 싸움이라고 말하고 악한 영들과 싸움에서 승리하기 위해서는 다음과 같이 하나님의 전신갑주를 입을 것을 권면하고 있습니다(엡 6:11-18).

첫째로, 진리로 허리띠를 띠어야 합니다.
둘째로, 의의 흉배를 붙여야 합니다.
셋째로, 믿음의 방패를 가져야 합니다.
넷째로, 구원의 투구와 성령의 검 곧 하나님의 말씀을 가져야 합니다.
다섯째로, 무시로 성령 안에서 기도해야 합니다.

링컨, 기도의 사람

에이브러햄 링컨은 기도하는 대통령이었습니다. 남북전쟁에서 북군의 전세가 불리해지자 1863년 4월 30일 목요일을 '금식 기도일'로 선포하고 온 국민의 동참을 호소했습니다. 한번은 인기 배우 제임스 머독이 링컨의 초청으로 백악관에 머물다 새벽에 링컨의 기도 소리에 잠을 깬 적도 있었습니다. 링컨은 이렇게 기도했습니다.

"사랑의 하나님, 저는 부족한 종입니다. 제 힘으로는 할 수 없습니다. 새 힘을 주시고 용기를 잃지 않게 도와주시고 마지막 순간까지 하나님과 동행할 수 있도록 저를 지켜 주시옵소서. 이 민족을 긍휼히 여겨 주시고 하루 빨리 전쟁이 마무리되어 통일된 나라를 이룩할 수 있도록 도와주옵소서. 전쟁에서 죽어 가는 젊은이들을 도와주옵소서."

링컨은 전쟁이 끝난 후 이렇게 고백했습니다. "북군의 승리는 기도의 승리였습니다. 우리에게 남군의 로버트 리같은 명장이 없었음이 오히려 다행이었습니다. 그래서 우리는 기도로 하나님께 더욱 의지할 수 있었기 때문입니다."

기도하는 자에게 하나님은 최고의 자원입니다.

제 9 훈련마당
기도세계 여행

훈련목표
하나님께서 무한하시기 때문에
기도의 세계는 이루 헤아릴 수 없이 넓다.
다양한 기도훈련을 통하여
더욱 크신 하나님을 경험하는
기도꾼이 되게 한다.

지난 훈련마당 복습

- 예수께서 십자가에 죽으시고 부활하심으로 마귀는 불법자가 되었다는 사실을 알아야 합니다.
- 성도는 마귀를 대적할 권세가 있음을 알아야 합니다.
- 마귀는 생각(마음)을 통하여 침투하기 때문에 생각의 단계에서 쫓아 내어야 합니다.
- 마귀가 주는 생각들을 인지하여 그런 생각이 들면 즉시 대적기도를 해야 합니다.
- 대적기도는 마귀를 대상으로 하지만 귀신(마귀)이 사람안에 있기 때문에 상대방이 상처를 받지 않게 해야 합니다.
- 마귀는 계속해서 공격하기 때문에 대적기도로 쫓겨나갔어도 절대로 방심하면 안 됩니다.

D3 한 마디

영적 무지의 위험성

미국에서 혼자 사는 할머니 한 분이 자기 집 거실에서 손에 약병을 움켜쥔 채 시체로 발견되었습니다. 그런데 이 할머니가 먹을 약이 든 약병을 손에 쥔 채로 죽었다는 것이 의문으로 떠올랐습니다. 수사 결과 이 할머니는 가난하고 배우지 못한 동양계 할머니로 영어를 몰라 약병을 제대로 열지 못해 약을 먹지 못해서 숨진 것으로 드러났습니다. 그 약병은 보통 약병처럼 그냥 돌려서 여는 약병이 아니라 누르고 돌려서 여는 약병이었습니다. 약병 뚜껑위에 이렇게 적혀있었습니다. 'Press down and turn'

어린아이들이 맘대로 열지 못하도록 누르고 돌려서 열어야 열리도록 되어 있는 약병이었는데 할머니가 그 글을 읽을 줄 몰라 약을 먹지 못하고 죽은 것입니다. 한 마디로 할머니의 죽음은 무지에서 비롯된 것입니다. 영적인 생활도 마찬가지입니다. 예수를 믿지만 영적으로 무지하면 마귀에게 패배할 수밖에 없습니다. 지피지기면 백전백승입니다.

명령기도 훈련

 명령기도란 예수 이름의 권세와 성령의 능력으로 질병을 낫게 하고, 귀신을 쫓아내고, 저주를 끊는 형태의 기도를 일컫습니다. 그러나 기도는 신자가 하나님께 드리는 것입니다. 즉 기도의 대상이 하나님입니다. 그런데 어떻게 이와 같이 예수의 이름으로 사람의 병을 고치고 귀신을 쫓아내는 것을 '기도'라고 할 수 있을까요?

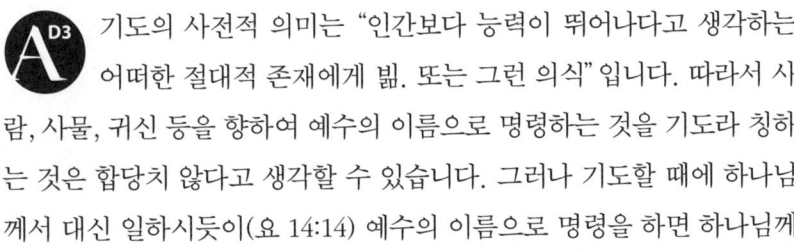 기도의 사전적 의미는 "인간보다 능력이 뛰어나다고 생각하는 어떠한 절대적 존재에게 빎. 또는 그런 의식"입니다. 따라서 사람, 사물, 귀신 등을 향하여 예수의 이름으로 명령하는 것을 기도라 칭하는 것은 합당치 않다고 생각할 수 있습니다. 그러나 기도할 때에 하나님께서 대신 일하시듯이(요 14:14) 예수의 이름으로 명령을 하면 하나님께서 움직이시기 때문에 '기도'라고 해도 전혀 문제가 되지 않습니다.

• • •

 기도에는 간구형과 명령형이 있습니다. 그런데 우리가 두 가지 형태의 기도를 다 할 수 있는 근거를 어디에서 찾을 수 있을까요?

A^{D3} 예수님은 제자들에게 간구형기도와 명령형기도를 모두 가르쳐 주셨습니다. 예수께서 가르쳐 주신 주기도는 간구형의 대표적인 모델입니다(마 6:9-13). 또한 예수께서 친히 제자들에게 어떻게 명령기도를 하는지 가르쳐주셨습니다(막 11:23). 따라서 우리는 두 가지 형태의 기도를 다 할 수 있습니다(행 3:6; 행 16:18).

• • •

 명령기도는 어떤 대상에게, 언제, 어떻게 하는 것이 좋을까요?

A^{D3} **대상** - 명령기도는 '하나님'을 제외한 모든 대상을 향하여 할 수 있습니다(귀신, 천사, 질병, 자연 현상 등). 심지어 자기 자신을 향해서도 할 수 있습니다(시 42:11).

언제 - 명령기도는 현장에서 하나님께서 일하시는 것을 보여주어야 할 상황에서 사용하는 것이 좋습니다. 예수께서 바람과 바다를 꾸짖어 잠잠케 하신 것도(마 8:26), 베드로가 앉은뱅이를 일으킨 것도(행 3:1-10), 바울이 귀신을 쫓아낸 것도(행 16:18), 명령기도가 필요한 상황이었습니다.

어떻게 - 명령기도는 명령하는 주체와 예수의 이름과 명령의 내용이 들어가면 됩니다. 예를 들면 "내가 예수의 이름으로 명하노니 ○○병은 치료될지어다.", "내가 예수의 이름으로 명하노니 악하고 더러운 영은 떠나갈지어다."

> **명령기도 더 배우기**
>
> 　간구형기도는 간구형대로, 명령형기도는 명령형대로 사용하지만, 때로는 혼합하여 사용해도 무방합니다. 예를 들어 "하나님, ○○병을 고쳐주시옵소서"라고 간구하면서, "내가 예수의 이름으로 명령한다. ○○병은 치료될지어다"라고 명령해도 됩니다. 기도는 응답 받을 때까지 해야 하기 때문에 두 가지 형태의 기도를 반복해도 무방합니다.
> 　특별히 귀신을 향하여 명령기도 할 경우는 한두 번으로 끝내서는 안 됩니다. 귀신이 자신의 정체를 드러내고 나갈 때까지 지속적으로 해야 합니다. 오랫동안 사람의 몸속에 있던 귀신은 결코 한두 번의 명령으로 나가지 않습니다.

토함기도 훈련

 토함기도란 원통함이나 자신에게 상처를 준 대상에게 하고 싶은 말을 기도를 통하여 토해내는 것입니다. 성경은 우리가 이렇게 기도할 것을 명령하고 있습니다(시 62:8). 왜 이런 기도가 필요할까요?

　토함기도를 해야 하는 이유는 억울함이나 분통함이나 미운 마음을 그대로 방치하면 상처가 되고 마음의 병이 되어 하나님을 멀리하게 되고 사람과의 관계가 멀어지게 되기 때문입니다.

　예를 들어 여러분이 미워하는 사람이 있는데 그 감정을 계속 마음에 그대로 담아두었다고 합시다. 그러면 그것 때문에 그 사람과 거리가 멀어지게 되고 하나님께 담대하게 나갈 수 없습니다. 그렇기 때문에 미움과 억울함을 있는 그대로 하나님 앞에 토해냄으로 마음에 응어리가 지지 않게 해야 합니다. 하나님 앞에 우리의 상한 마음을 토할 때에 마음이 깨끗해질 뿐만 아니라 더욱 하나님과의 친밀함을 경험하게 됩니다.

• • •

 다윗은 하나님 앞에 기도하면서 자신의 원통함을 토했다고 고백하고 있습니다(시 142:1-2). 그런데 다윗은 우리가 알다시피 믿음의 사람입니다. 그러함에도 불구하고 다윗이 이런 기도를 했다는 것은 무엇을 의미할까요?

이 기도는 다윗이 아무런 잘못도 없는데 장인인 사울왕이 자신을 죽이려고 쫓아다니자 너무 분통하고 억울해서 하나님 앞에 토한 것입니다. 즉 마음에 받은 상처를 간직하지 말고 하나님 앞에서 토해내야 한다는 것입니다. 다윗은 믿음의 사람이었지만 억울한 일을 당할 때에 마음속으로만 아파하지 않았습니다. 상한 마음을 주님앞에 토해냈습니다.

혹 억울한 일로 깊은 마음의 상처를 받았습니까? 그렇다면 상한 마음을 방치하지 말고 기도로 토해내십시오(시 102편). 그렇게 해도 죄가 되지 않습니다. 예수를 믿는 자가 어떻게 그런 기도를 할 수 있느냐고 할지 모르지만 성경은 마음의 상처를 그대로 두지 말고 토해내라고 말씀하고 있습니다(시 62:8).

Q3 시편 109편은 다윗이 신복인 아히도벨의 배신으로 뼈아픈 고통을 경험한 후 지은 시입니다. 내용을 간단히 요약하면, 그의 마누라를 과부 되게 하시고 아이들은 고아가 되어 빌어먹게 해주시고 그 집안의 씨가 마르게 해달라는 것입니다. 이것을 볼 때 우리의 토함기도가 어떠해야 함을 알 수 있을까요?

A D3 하나님께 마음에 있는 바를 솔직하게 아뢰어야 한다는 것입니다. 그렇습니다. 하나님은 우리의 마음에 있는 바를 그대로 쏟아놓는 것을 기뻐하십니다. 토함기도를 하면서도 솔직하게 토하지 않으면 아무런 의미가 없습니다. 마음에도 없는 감사, 마음에도 없는 간구는 하나님께서 역겨워하십니다. 그러나 토함기도를 할 때 반드시 주의해야 할 것이 있습니다. 상대방이 듣지 않도록 해야 합니다. 하나님 앞에서만 마음을 토해야 합니다.

• • •

Q4 마음속의 상처나 근심을 토하는 것으로 기도를 끝내서는 안 됩니다. 어떻게 토함기도의 끝을 마무리해야 할까요?

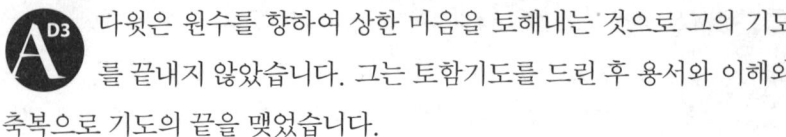 다윗은 원수를 향하여 상한 마음을 토해내는 것으로 그의 기도를 끝내지 않았습니다. 그는 토함기도를 드린 후 용서와 이해와 축복으로 기도의 끝을 맺었습니다.

상처를 준 자에 대한 용서와 이해와 축복이 없는 토함기도는 진정한 기도가 아닙니다. 마음의 상처를 치유받고 응답받는 기도를 하기 위해서는 상한 감정을 쏟아낸 후 반드시 상처준 자들을 용서하고 축복해야 합니다.

듣는기도 훈련

 듣는기도란 하나님께 일방적으로 소원만 아뢰지 않고 하나님의 음성에 귀를 기울이는 기도입니다. 왜 우리가 듣는 기도를 해야 할까요?

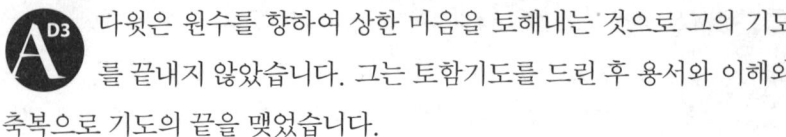 양이 목자의 음성을 듣듯이 목자이신 주님의 음성을 들어야 하기 때문입니다. 예수께서 "내 양은 내 음성을 들으며 나는 저희를 알며 저희는 나를 따르느니라"(요 10:27)고 말씀하셨습니다. 기도는 하나님과의 대화이기 때문에 일방적으로 주님께 말하지 말고 주님께서 하시는 말씀에 귀를 기울여야 합니다.

쌍방향 기도

혹 자녀가 여러분에게 달려 와서 "아빠, 나 오늘 학교에 갔어요. 근데 오전에는 몸이 아파서 공부를 못해 너무 속이 상했어요. 그러나 점심을 먹은 후에는 몸이 씻은 듯이 나아 오후 수업을 잘 했어요. 수업 후 집에 오는 길에 떡볶이 집에 들려 친구들과 맛있게 엽기떡볶이를 먹었는데 서로가 돈을 내지 않아 눈치를 보고 있었어요. 그래서 제가 대신 돈을 냈지만 친구들이 고맙다는 말 한 마디 하지 않아 너무 속상해서 집으로 오는 내내 마음이 울적했어요. 이제는 학원에 가야 할 시간이네요. 학원에 잘 다녀올께요."하고 집을 나가버렸다고 합시다.

이와 같이 일방적으로 자기 할 말만 하는 자녀는 없을 것입니다. 그러나 많은 그리스도인들이 하나님과 이런 식으로 대화를 합니다. 일방적으로 하나님께 말하고 주님이 하시는 말씀은 전혀 들으려고 하지 않습니다. 하나님은 말씀이실 뿐만 아니라 말씀하시는 분이십니다. 하나님은 우리의 기도를 듣기 원하시지만, 우리에게 말씀하시기도 원하신다는 것을 알아야 합니다.

• • •

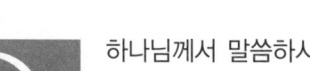 하나님께서 말씀하시는 방법은 매우 다양합니다. 꿈과 환상, 성경 말씀, 다른 사람의 권면, 각종 사건, 책등을 통하여 말씀하십니다. 기도 또한 하나님께서 말씀하시는 방법 중 하나입니다. 어떻게 하면 기도를 통해 말씀하시는 주님의 음성을 들을 수 있을까요?

 첫째로, 주님께서 기도를 들으시고 말씀하신다는 확신을 가져야 합니다. 이 확신이 없이는 주님의 음성을 들을 수 없습니다. 둘째로, 하나님께서 무슨 말씀을 하시는지 귀를 기울여야 합니다. 주님

은 듣고자 하는 사람에게 말씀하십니다.

셋째로, 기도할 때에 자기도 모르게 어떤 생각이 떠오르거나 마음에 와 닿는 것이 있으면 주님이 말씀하시는 것으로 믿으면 됩니다(요 14:26).

• • •

 듣는기도를 하면 우리에게 어떤 유익이 있을까요?

첫째로, 무엇보다 기도가 즐거워집니다. 기도 중 주님의 음성을 듣기 때문에 기도하는 것이 기쁘고 기대가 됩니다.

둘째로, 주님의 위로와 경고와 책망을 받으므로 바른 삶을 살아갈 수 있습니다.

셋째로, 주님의 음성을 듣고 주님의 인도를 따르기 때문에 성공적인 삶을 살 수밖에 없습니다.

| 듣는 기도

인도에서 평생을 빈민 봉사에 헌신한 노벨 평화상 수상자 마더 테레사 수녀의 이야기다. 그녀가 한번은 미국을 방문해 CBS 방송의 유명한 뉴스진행자 댄 래더의 프로그램에 출연했다. 방송국 스튜디오를 찾은 마더 테레사에게 앵커는 물었다.

> "당신은 하나님께 기도할 때에 무엇이라고 말합니까?" 테레사 수녀는 다소 곳이 고개를 숙이고 있다가 대답했다. "나는 듣습니다" 예상밖의 대답을 들은 앵커는 당황해 다시 질문을 던졌다.
> "당신이 듣고 있을 때에 하나님은 무엇이라고 합니까?" 그때 마더 테레사 수녀는 잠시 생각하다 다시 대답했다.
> "그분도 듣지요"

말씀기도 훈련

Q1 말씀기도란 개인적인 기도제목으로 기도하는 것이 아니라 하나님의 말씀으로 기도하는 것을 말합니다. 왜 말씀기도를 해야 할까요?

 기도는 사적인 뜻이 아니라 하나님의 뜻을 이루는 통로이기 때문에 하나님의 말씀으로 기도하는 것이 원칙입니다. 말씀기도는 기도의 본질에 가장 부합한 기도의 형태입니다. 그래서 찰스 캡스는 최고의 기도는 말씀으로 기도하는 것이라고 했고, 조지 뮬러는 항상 성경책을 펴놓고 기도했고, 설교 왕 찰스 스펄전은 하나님의 약속을 붙잡고 간구했고, 기도의 거장 이엠 바운즈는 말씀으로 인한 믿음의 기도를 강조했던 것입니다.

• • •

 말씀기도를 하면 어떤 유익이 있을까요?

 첫째로, 말씀의 묵상을 통하여 마음을 말씀으로 가득 채우기 때문에 마음속의 어둠과 근심이 물러갑니다.

둘째로, 믿음은 들음에서 나는데(롬 10:17) 말씀 자체가 기도가 되기 때문에 믿음이 크게 자랍니다.

셋째로, 하나님의 뜻대로 구하는 기도이기 때문에 응답 받지 못할 기도제목이 없습니다(요 15:7; 요1 5:14).

∴

 어떻게 말씀기도를 해야 할까요?

 일정한 틀이 있는 것이 아니지만 기본적으로 다음의 단계를 거쳐야 합니다.

첫째는 성경을 정독해야 합니다. 성경을 읽되 성령님의 감동하심으로 읽으면 하나님의 음성을 들을 수 있습니다.

둘째는 정독할 때 자신에게 부각되어진 말씀을 가지고 깊은 묵상에 들어갑니다.

셋째는 묵상한 말씀을 가지고 하나님과의 대화에 들어갑니다. 중요 단어 문장을 반복해서 말하고, 선포하고, 고백하면서 기도합니다.

넷째는 기도 중 말씀에 합당한 기도 대상이 떠오르면 형식을 초월하여 말씀을 적용하여 축복하며 기도하면 됩니다.

예를 들어 치유의 말씀을 선포할 때 병중에 있는 친구가, 지혜의 말씀을 선포할 때 바르게 자라야 할 자녀들이, 주님의 도우심의 말씀을 선포할 때 어려움을 당하는 교우들이, 사랑과 긍휼의 말씀을 선포할 때 아프리카의 난민들이 떠오르면 말씀에 적용하여 축복하며 기도합니다.

• • •

'말씀기도'와 '약속의 말씀을 주장하는 기도'가 하나님의 말씀을 사용한다는 점에서는 같습니다. 그러나 다른 점이 있습니다. 무엇이 다를까요?

말씀기도가 말씀에 기초해서 기도하는 것인데 반하여, 약속의 말씀을 주장하는 기도는 단지 기도 중 하나님의 약속을 인용하는 것입니다. 즉 말씀기도는 기도 자체를 말씀에 기초하여 하는 것인데 반하여, 약속의 말씀을 인용하는 것은 자신의 기도가 하나님의 약속을

믿는 믿음으로 하고 있음을 보여줄 뿐입니다.

결단이 중요합니다.

코카콜라의 창업자인 캔들러는 알코올 중독자였습니다. 그는 항상 술에 취해 있었습니다. 캔들러는 의지력이 약했습니다. 주위 사람들에게 몇 번이나 금주 선언을 했으나 번번이 실패했습니다. 어느 날, 술에 취해 집으로 가던 그는 벼락같은 마음의 음성을 들었습니다.

"자기의 본능적 요구를 거절하는 사람이 성공한다."

캔들러는 집에 돌아와 아내에게 이 이야기를 들려주었습니다. 그러자 아내는 바로 그 시간에 남편의 '금주'를 위해 간절히 기도하고 있었다고 고백했습니다. 이 부부는 서로 손을 잡고 눈물의 기도를 드렸습니다. 캔들러는 아내의 기도를 통해 영혼의 안식을 얻었습니다. 그리고 알코올의 유혹으로부터 완전히 해방되었습니다. 자신의 의지가 아니라 기도의 능력으로 술을 끊은 것입니다.

"기도꾼은 결단과 기도로 시작됩니다."

부록

기도명언

기도명언 하나

- 기도가 얼마나 강력한 것이며 또 어떤 영향을 미칠 수 있는지를 경험해 보지 않고 기도의 능력과 그 영향력을 믿을 수 있는 사람은 아무도 없다(마틴 루터).
- 기도는 끊임없이 쏟아져 나오는 끊임없는 사랑의 응답이며, 모든 영혼을 인도하시는 하나님과 사귀는 길이다(다글라스 스티어).
- 기도는 신자의 유일한 무기이다(톰슨).
- 기도는 아침의 열쇠요 저녁의 자물쇠이다(그레이엄).
- 기도는 영혼의 피이다(죠지 허비트).
- 기도는 우리가 믿음으로 발견한 주님의 복음에 들어있는 보물을 파내는 것이다(칼빈).
- 기도는 우리 힘만으로는 불가능한 일을 하기 위해 하나님과 함께 할 수 있는 힘과 능력을 찾는 것이다(레우빈 아스큐).
- 기도는 하나님을 붙잡는 것이 아니라 자신이 하나님께 붙잡히는 것이다(무위).
- 기도는 하나님의 심정에 이르게 하는 것이다(예레미 테일러).
- 기도의 실패자는 생활의 실패자이다(이 엠 바운즈).
- 기도하는 것은 자신을 하나님의 피조물로 인정하는 것이며, 하나님의 도움을 요청하는 것이다(무위).
- 기도하라. 그리고 염려는 하나님께 맡기라(마틴 루터).
- 기도하지 않고 성공했다면 성공한 그것 때문에 망한다(스펄젼).
- 나는 오늘 해야 할 일이 많기 때문에 기도하는 시간을 갖기 위해서 한 시간 더 일찍 일어난다(마틴 루터).
- 마른 눈 가지고는 천국에 못 들어간다(스펄젼).
- 무릎을 꿇은 그리스도인은 발돋움을 한 천문학자 보다 더 멀리 본다(토플레디).
- 믿음과 기도로 늘어진 손을 올리고 떨리는 무릎을 세우라. 은혜의 보좌를 흔들며 인내로 기다리라. 자비가 주어질 것이다(요한 웨슬레).
- 사람이 자기의 의견과 소원을 초월하여 자기의 마음을 향상시키고 자기의 주의를 하나님께 집중시키는 것이 기도의 제일 중요한 일이다(티틀).
- 싸움터에 나갈 때는 한번 기도하라. 바다에 나갈 때는 두번 기도하라. 그리고 결혼할 때는 3번 기도하라(러시아 격언).
- 설교를 많이 하는 사람일수록 기도를 많이 해야 한다. 기도의 장수가 설교의 장수를 결정한다. 가벼운 기도는 가벼운 설교를 낳을 것이다. 기도는 설교를 강하게 하고 넘치는 사랑과 흡인력을 갖게 한다(이엠 바운즈).
- 세계를 뒤흔든 거창한 종교개혁은 그 능력이 기도의 밀실에서 나온 것이다(엘렌지 화잇).
- 손쉬운 삶을 위해 기도하지 마십시오. 더 강한 사람이 되게 해달라고 기도하십시오(존 에프 케네디).
- 슬픔과 고통 속에 쓰러져 있습니까? 기도할 것 밖에 없습니다. 핍박을 당하고 욕을 먹고 미움을 받고 있습니까? 기도할 것 밖에 없습니다. 근심과 걱정이 당신을 괴롭히고 있습니까? 기도할 것 밖에 없습니다. 죽음이 당신의 집안에 찾아 왔습니까? 기도하는 것 밖에 없습니다(발튼 버쳐).
- 승리는 강단에서 총알 같은 지성이나 재담을 하는 것으로 얻어지는 것이 아니라 기도의 골방에서 얻어진다. 승리는 설교자의 발이 강단에 들어가기 전에 판가름이 난다(레오날드 레이븐 힐).
- 시작이 반이다. 그러나 기도 없이 시작된 일은 결코 좋은 시작일 수 없다(팬스하우)
- 아버지와 같이 있기를 바라는 것 이외의 것을 바라지 않는 것이 기도의 가장 기본적인 의식이다(랙스데일).
- 어려운 환경에서 기도하고 싶은 마음마저 없다면 우리는 짐승만도 못한 사람들이 아닐 수 없다(칼빈).
- 예수 그리스도의 이름으로 기도한다는 것은 우리가 예수 그리스도께서 무한한 예금을 해 놓으신 천국 은행에 가는 것과 같다(로레이).
- 우리는 설교하고 멸망할 수 있으나 기도하고 멸망할 수는 없다(레오날드 레이븐 힐).
- 우리의 기도는 지칠 줄 모르는 힘과 거부될 수 없는 인내와 꺾여지지 않는 용기로 강하게 구해야 한다(이엠 바운즈).
- 이 세상의 운명은 우리들의 기도에 따라서 작정될 것이다(라우바흐).

- 잘 기도한 자는 잘 배운 자요 많이 기도한 자는 많이 운자이다(루터).
- 정신을 집중할 수 있을 때에만 기도하라(탈무드).
- 짐을 가볍게 하기 위해 기도하지 말고 더 튼튼한 등을 갖기 위해 기도하라(로저 밥슨).
- 차가운 기도에는 따뜻한 응답이 없다(브룩스).
- 하나님의 자녀는 기도로 모든 것을 정복할 수 있다. 사탄이 교인들에게서 이 무기를 빼앗거나 그것의 사용을 제지하려고 최선을 다하는 것은 이상한 일이 아니다(앤드류 머레이).
- 해가 떠서 비칠 때 기도하지 못한 자는 구름이 일어났을 때에도 기도할 줄 모릅니다(비델울도).

기도명언 **둘**

- 교만 중에 가장 무서운 교만은 기도하지 않는 교만이다.
- 기도가 없는 곳은 사탄의 잔칫집이고, 기도가 있는 곳은 사탄의 초상집이다.
- 기도가 없을 때에 마음은 세상 것으로 무거워지고, 기도가 있을 때 마음은 성령과 하늘의 것으로 충만하다.
- 기도는 노력 더하기 노력이 아니라, 나의 노력 곱하기 노력이다.
- 기도는 사랑하는 두 사람의 대화이다.
- 기도는 성공적인 삶을 위한 수단이 아니라 삶의 본질이다.
- 기도는 세상적인 욕심의 발전소가 아니라, 소방서이다.
- 기도는 어둠 속에서 하나님을 볼 수 있는 거울이다.
- 기도는 언뜻 보면 좁은 길처럼 보이나 자세히 보면 넓은 길이다.
- 기도는 영혼이 행하는 가장 원숙한 기술이다. 이것은 불타는 열정이며 진실한 삶이고, 그리스도인 생활의 호흡이다.
- 기도는 예수님을 닮는 최상의 방편이다.
- 기도는 우회도로처럼 보이나 실상은 지름길이다.
- 기도는 자기의 욕심이 아니라, 나를 향한 하나님의 주권적인 뜻과 인생 청사진을 이루어 가는 것이다.
- 기도는 자신을 비우고 하나님으로 채우는 것이다.
- 기도는 전능하신 하나님의 지혜와 능력에 주파수를 맞추는 것이다.
- 기도는 제 소리를 내기 위해 악기를 조율하는 것과 같다.
- 기도는 조용히 문을 열고서 하나님께서 계시는 곳으로 들어가는 것이다.
- 기도는 주님의 현존을 체험하는 것이다.
- 기도는 천국 발전소의 스위치를 누른 것이다.
- 기도는 천국을 향한 영혼의 가장 간절한 소망이다.
- 기도는 하나님과의 대화 속에서 우리들의 마음을 표현하는 것이다.
- 기도는 하나님 앞에서 가장 낮은 자세로 엎드리는 영적인 낮은 포복이다.
- 기도는 하나님을 설득하는 것이 아니라 그분의 인격, 사상, 그리고 사역에 감화되어 하나님께 설득되는 것이다.
- 기도는 하나님을 향한 영혼의 숨결이요 혈떡임이다.
- 기도는 하나님의 나라의 집을 짓는 벽돌이다.
- 기도는 하나님이 원치 않는 것을 억지로 빼앗는 것이 아니라 하나님이 기뻐하시는 것을 취하는 것이다.
- 기도는 회개한 마음에서 피어나는 달콤한 향기이다.
- 기도란 그리스도의 능력을 붙잡는 손이다.
- 기도를 통해 변하는 것은 하나님이 아니라, 기도자 자신이 하나님이 원하는 아들의 모습으로 변하는 것이다.
- 기도를 통해서 하나님이 일을 하시고, 기도하는 자는 하나님의 일을 한다.
- 기도 없는 곳에 사람만 일하고, 기도 있는 곳에 하나님이 일한다.
- 기도 없는 경건은 양의 옷을 입은 이리와 같다.

누구나 기도꾼이 되는
Q&A기도훈련

글쓴이 | 안창천

3쇄 인쇄 | 2010. 6. 25
3쇄 발행 | 2010. 6. 25
발행처 | 도서출판 우리하나
발행인 | 안창천
등록일 | 2007. 4. 16
등록 | 제 313-2007-96호
주소 | 서울 마포구 상수동 21번지 303A호
주문전화 | 02) 333-0091
팩스 | 02) 333-4490
웹싸이트 | www.urihana.net
E-mail | pacc9191@hanmail.net
독자의견전화 | 010-4740-4489
인쇄 | 위너스
판권소유 | 도서출판 우리하나

ISBN 978-89-959529-2-4   04230(전6권)
ISBN 978-89-959529-4-8   04230

값 5,500원

저자와의 협약아래 인지는 생략되어 있습니다.
이 출판물은 저작권법에 따라 무단 전제와 복제를 할 수 없습니다.

도서출판 **우리하나** 는
세계에서 가장 빠르고 단순한 'D3양육시스템' 을 적극 지원합니다.